Jutta Niesbach

Der Einsatz von Facebook als Marketinginstrument in Organisationen der sozialen Arbeit

Chancen und Risiken

Niesbach, Jutta: Der Einsatz von Facebook als Marketinginstrument in Organisationen der sozialen Arbeit: Chancen und Risiken, disserta Verlag, 2013

ISBN: 978-3-95425-120-9
Druck: disserta Verlag, Hamburg, 2013
Covermotiv: © carlosgardel – Fotolia.com

Bibliografische Information der Deutschen Nationalbibliothek:
Die Deutsche Nationalbibliothek verzeichnet diese Publikation in der Deutschen Nationalbibliografie; detaillierte bibliografische Daten sind im Internet über http://dnb.d-nb.de abrufbar.

Die digitale Ausgabe (eBook-Ausgabe) dieses Titels trägt die ISBN 978-3-95425-121-6 und kann über den Handel oder den Verlag bezogen werden.

© disserta Verlag, ein Imprint der Diplomica Verlag GmbH
http://www.disserta-verlag.de, Hamburg 2013
Hergestellt in Deutschland

Inhaltsverzeichnis

Abbildungsverzeichnis

Abkürzungsverzeichnis

ARD	Arbeitsgemeinschaft der öffentlich-rechtlichen Rundfunkanstalten der BRD
ASF	Aktion Sühnezeichen/Friedensdienste e.V.
CMZ	Christiane Müller-Zurek
KG	Karl Grünberg
KS	Karsten Schützler
NPO	Nonprofit-Organisationen
NUSZ	Nachbarschafts- und Selbsthilfezentrum der UFA-Fabrik
PR	Public Relations
RSS-Feed	Real Simple Syndication-Feed
TP	Tilmann Pritzens
ZDF	Zweites Deutsche Fernsehen

1 Einleitung

Soziale Netzwerke im Internet haben sich in den letzten Jahren rasant entwickelt und sind inzwischen in aller Munde. Im Juli 2010 waren weltweit 945 Millionen Menschen in den verschiedenen sozialen Netzwerken aktiv[1], davon waren zwischen 600 und 700 Millionen bei Facebook. 2011 gibt Facebook schon allein die Zahl von 800 Millionen aktiven Nutzern an[2]. In Deutschland hat die Zahl der Nutzer 2011 die 20 Millionen Grenze überschritten[3], das heißt jeder vierte Deutsche hat ein Profil bei Facebook und viele Menschen sind in mehreren Netzwerken aktiv. Facebook, StudiVZ, SchülerVZ, Twitter, Youtube, Xing, LinkedIn prägen die Art der Kommunikation und die Erfahrungswelt ihrer Nutzer. Mehr und mehr entdecken auch Wirtschaftsunternehmen die Möglichkeiten dieser sozialen Netzwerke für Marketing und Werbung. Die meisten großen Unternehmen haben inzwischen in Ergänzung zum klassischen Marketing eigene Seiten bei Facebook, twittern und bloggen und zeigen Werbefilme bei Youtube.

In der sozialen Arbeit kommt dieser Trend jedoch erst langsam an. Fehlende Sachkenntnis, fehlende Personalkapazität für die Pflege der Seiten, aber auch die Sorge, möglicherweise veröffentlichte Kritik schade dem Ansehen des Unternehmens, könnten die Gründe dafür sein.

Angesichts der Entwicklung sollten wir jedoch darüber nachdenken, wie die sozialwirtschaftlichen Unternehmen und Organisationen die Generation der sogenannten "Digital natives", der nach 1980 Geborenen, erreichen. Klassische PR, plakative Werbung und Flyer reichen nicht mehr aus, um in Kontakt mit Kunden und Klienten zu treten. Die veränderten Kommunikationsprozesse bringen mehr Partizipationsmöglichkeiten, in einigen Punkten auch mehr Transparenz und beschleunigen die Kommunikation. Sie ermöglichen den Wandel des Konsumenten zum sogenannten „Prosumer", der die Informationen nicht nur konsumiert sondern weiterverarbeitet und dann aktiv neue Information und Inhalte ins Netz stellt. Immer mehr wird von Kunden eine individuelle, schnelle, interaktive und an ihren Bedürfnissen ausgerichtete Kommunikationsmöglichkeit eingefordert. Unternehmen, die diese Entwicklung nicht berück-

---

[1] Vgl. Comscore, 2010
[2] Vgl. Facebook
[3] Vgl. Allfacebook, 2011a

sichtigen, werden an Konkurrenzfähigkeit verlieren. Dabei genügt es nicht, die klassische Werbestrategie auf die Facebook-Seite zu übertragen, sondern es ist ein Umdenken in den Marketing und Öffentlichkeitsabteilungen notwendig. Die klassische Strategie der „Überredung" oder im besseren Fall der „Überzeugung" durch Werbung verändert sich in Richtung „direkter Dialog mit dem Kunden" und „Management der Kundenbeziehung".

Ich werde mich in dieser Arbeit mit der Fragestellung beschäftigen, ob und in welcher Art und Weise soziale Netzwerke in Organisationen der sozialen Arbeit für Marketingfelder wie Öffentlichkeitsarbeit, Kundenkommunikation, Kundenbindung und (Dienstleistungs-) Angebotsentwicklung genutzt werden können, welche neuen Möglichkeiten und Chancen sich durch sie bieten, und welche Risiken für Unternehmen und Nutzer bestehen und berücksichtigt werden müssen.

Ich möchte mich dabei auf das zur Zeit in Deutschland am weitesten verbreitete und am schnellsten wachsende Netzwerk Facebook beziehen und an diesem Beispiel aufzeigen, was bei der Planung und Konzeption inhaltlich beachtet werden muss.

- Zunächst möchte ich die Entwicklung des Marketing hin zum Onlinemarketing sowie die Besonderheiten des Marketing im sozialen Bereich kurz skizzieren, um zu verdeutlichen, welche neuen Möglichkeiten und Anforderungen dadurch entstehen, und wie sich diese Entwicklung auf die Kommunikationspolitik und die Formen der Kommunikation mit den Stakeholdern auswirkt.

- Anschließend sollen soziale Netzwerke und ihre Gesetzmäßigkeiten im Allgemeinen, das Social Web und Soziale Netzwerke im Speziellen dargestellt werden sowie ein Blick auf die Entwicklung von Nutzerzahlen, sozialem Hintergrund und Motivation der Nutzer und ein kurzer Abriss der Entwicklungsgeschichte von sozialen Netzwerken im Internet einen tieferen Einblick in den Trend der Vernetzung ermöglichen.

- Das nächste Kapitel beschäftigt sich mit dem sozialen Netzwerk Facebook, seiner Entwicklung und seinen technischen Möglichkeiten. Ein Unterpunkt beschäftigt sich dabei mit dem Thema Datenschutz bei Facebook, da dies beim Einsatz in sozialen Organisationen besonders zu berücksichtigen ist.

- Im folgenden fünften Kapitel werde ich mich dann mit den Möglichkeiten und Risiken beschäftigen, die der Einsatz von Facebook sozialen Organisationen bietet.

2 Neue Formen des Marketings

Die technischen Möglichkeiten für das Marketing haben sich in den letzten Jahren sehr schnell weiterentwickelt. Der Einsatz von Onlinemarketing und Social Media Marketing ist inzwischen in den meisten großen Wirtschaftsunternehmen zur Normalität geworden. Unter dem Begriff des Social Web, den ich im weiteren noch genauer definieren werde, sind Anwendungen und Plattformen, wie beispielsweise die sozialen Netzwerke im Internet entstanden, die neue Formen der interaktiven Kundenkommunikation ermöglichen und das Marketing verändern.

2.1 Die Entwicklung von der Absatzpolitik zum Social Media Marketing

In den letzten Jahrzehnten hat sich der Begriff des Marketing ständig erweitert. Beschrieb er Anfang des letzten Jahrhundert noch die reine, am Produkt orientierte Absatz- und Vertriebspolitik, die sich überwiegend über den Preis regelte und dies auch zunächst noch unter dem Begriff „Absatzwirtschaft", so entwickelte sich mehr und mehr ein an den Bedürfnissen der Kunden orientiertes Konzept für den Bereich Marketing. Die heute allgemein verwandte Definition des amerikanischen Marketing-verbandes AMA (American Marketing Association) bezeichnet Marketing als „die Aktivitäten, Institutionen und Prozesse zur Schaffung, Kommunikation, Bereitstellung und zum Austausch von Angeboten, die einen Wert haben für Kunden, Auftraggeber, Partner und die Gesellschaft insgesamt".[4] Dabei wird überwiegend von Marketing als einem „marktorientierten Führungskonzept" gesprochen, das alle Abläufe des Unternehmens an den Zielen und Entwicklungen des Marketings orientiert und sie in die Aufgaben des Managements integriert. Neben Absatz- und Kundenorientierung gehören dazu auch innerbetriebliche Aufgaben wie die interne Kommunikation und die Personalentwicklung.

„Marketing dient der **Bedürfnisbefriedigung** der am Austauschprozess beteiligten Gruppen (**Kunden**bedürfnisse und **Unternehmens**ziele). Unter einem Austauschprozess versteht man die auf einem Markt ablaufenden Transaktionen von Ressourcen

---

[4] Kuß/Kleinaltenkamp, Marketing, Wiesbaden 2009, 5.Auflage, S.11; zitiert nach: Christa, H. (2010), S.20

von verschiedenen Marktteilnehmern (Kunden, Lieferanten etc.). Dabei stellt der Markt die wirtschaftlich relevante Umwelt eines Betriebes dar, in der diese Austauschbeziehungen zwischen Anbietern und potentiellen und tatsächlichen Kunden realisiert werden.[5]

Bruhn[6] beschreibt die Veränderung des Marketings als eine Entwicklung

- von der reinen Produktorientierung in den 1950ern (auf der Grundlage der hohen Nachfrage in der Nachkriegszeit)
- über die Verkaufsorientierung in den 1960ern (von der Produktion zum Vertrieb, Entwicklung von Verkaufs- und Werbestrategien) und
- die Marktorientierung in den 1970ern (Marktsegmentierung; Spezialisierung auf einzelne Bedürfnisse, stärkere Beobachtung von Kundeninteressen und Marktentwicklungen)
- hin zur Orientierung auf den Wettbewerb zwischen den Anbietern (verstärkte Dienstleistungsorientierung, Einbeziehung von Unternehmenskultur, Image und Corporate Identity in die Marketingstrategie) in den 1980ern,
- der Orientierung auf die Umwelt der Unternehmen in den 1990ern (Reaktion auf ökologische, politische, technologische oder gesellschaftliche Veränderungen)
- bis zur heutigen Dialogorientierung (ab 2000: interaktive Ausrichtung der Kommunikation durch Internet, E-Mails) und
- Netzwerkorientierung (ab 2010: Web 2.0, soziale Netzwerke, Word-of-Mouth).[7]

Das 1960 von McCarthy entwickelte Konzept der vier P's des Marketing-Mix (Produkt, Price, Place, Promotion) wurde nach und nach durch weitere für das Marketing zentrale Begriffe erweitert (People, Process, Physical Evidence), die besonders für Dienstleistungsunternehmen bedeutsam sind.[8] Hinzu kamen auch einige Elemente, die durch die Veränderung der Umwelt der Unternehmen an Bedeutung gewannen (Physics – das Bild des Unternehmens, Public Voice, Politics). Mehr und mehr rückte der Kunde und seine Bedürfnisse in das zentrale Interesse und mit Zunahme der

---

[5] Bieberstein, 1995/2001, S. 22
[6] Bruhn, 2009, S.5-7
[7] Vgl. Christa, 2010, S.14-17
[8] Vgl. Bruhn, 2005, S.292

technischen Möglichkeiten des Social Web zum interaktiven Dialog fordern Kunden diesen in wachsendem Maße ein. Es hat eine Entwicklung von der „Pushkommunikation", der Beeinflussung des Kunden durch die Werbung, hin zur „Pullkommunikation" stattgefunden, bei der der Kunde selbsttätig und gezielt Informationen und Werbung anfordert.[9]

Während sich die Marketingforschung zunächst ausschließlich mit Sachgütern (Konsum- und Investitionsgütern) beschäftigte, entwickelte sich etwa seit den siebziger Jahren mit der wachsenden Bedeutung des tertiären Sektors[10] ein zunehmendes Interesse an Marketingkonzepten für Dienstleistungsunternehmen, die die Besonderheiten der Vermarktung von Dienstleistungen, um die es sich häufig im sozialen Bereich handelt, berücksichtigen. Seit der 90ger Jahren gibt es eine intensive theoretische Auseinandersetzung mit dem Bereich des Dienstleistungsmarketing[11], sowohl bezogen auf kommerzielle Dienstleistungsunternehmen sowie auch zunehmend auf Nonprofit-Organisationen (NPOs). Letztere entdecken mehr und mehr die Notwendigkeit eines integrierten Marketingkonzeptes, um in dem wachsenden Markt der Interessensgruppen und Verbände in der Konkurrenz um Mitglieder, politischen Einfluss und Finanzierungsquellen bestehen zu können. Sowohl kommerzielle als auch nichtkommerzielle Unternehmen nutzen dazu zunehmend auch Methoden des Online-Marketings sowie die Möglichkeiten des Social Web. Laut der Studie „Social Media Governance 2011" ist die Zahl der Unternehmen und Organisationen, die Social Media nutzen, von 43% in Jahr 2010 auf 71% m Jahr 2011 gestiegen. Die befragten Unternehmen stellen zwar etwas ernüchtert fest, dass der Zeitaufwand für die Durchführung doch relativ hoch ist und es noch an Fachkenntnissen und Mitteln für die Erfolgskontrolle mangelt. Trotzdem stieg der Anteil der Unternehmen, die eine Facebook-Seite haben, von 2010 auf 2011 von 31,4% auf 53,4%, und weitere 20,6% der Organisationen

---

[9] Vgl. Renker, 2008, S.19

[10] Vgl. Götzfried 2003, S.1 "Im Jahr 2003 waren in EU-25 etwas mehr als 120 Mio. Menschen im Dienstleistungssektor und 34 Mio. im Verarbeitenden Gewerbe beschäftigt. Dies entspricht 62,4% bzw. 17,7% aller Beschäftigten". Der Anteil der Beschäftigten im Dienstleistungssektor wächst durchschnittlich jährlich um 1,7%, der Anteil derer, die im Verarbeitenden Gewerbe tätig sind, sinkt dagegen um 1,2% .

[11] Vgl. Bieberstein, 2001, S.32

und Unternehmen planten, noch im Verlauf des Jahres 2011 eine solche Seite einzurichten.[12]

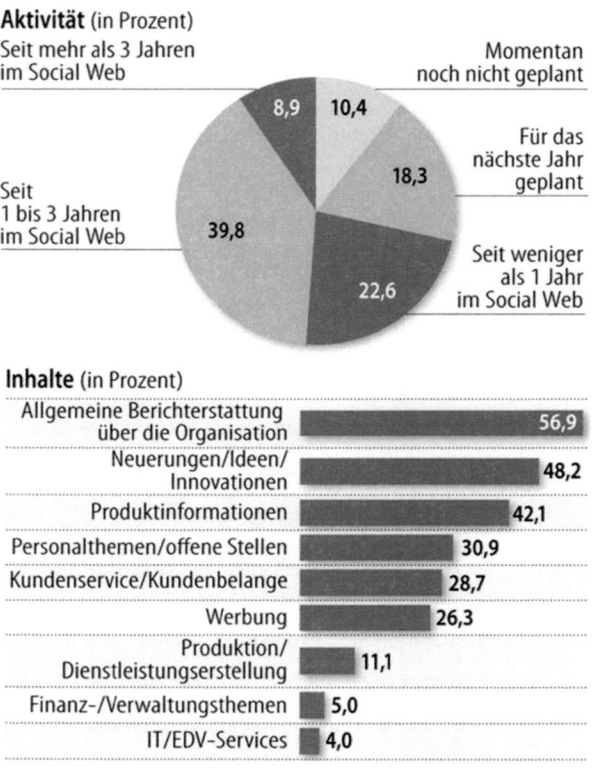

Abb. 1: Aktivität und Inhalte von Unternehmen und Organisationen im Social Web, Ergebnisse der Social Media Governance Studie 2011, Quelle: Schmidt, 2011

Auch in den Organisationen und Unternehmen der Sozialwirtschaft wächst das Bewusstsein, dass jetzt in Zeiten der wachsenden Verknappung der finanziellen Mittel das Marketing eine immer größere Rolle spielt, um die Ziele der Organisation zu erreichen. Aber die meisten der sozialen Unternehmen entwickeln erst langsam eine eigene Strategie für die Öffentlichkeitsarbeit, die Kundenkommunikation und die Vermarktung. Dabei kommt auch das Marketing mit Social Media Angeboten nur zögerlich zur Anwendung. Häufig wird der Interneteinsatz wenig strategisch geplant, dies ist aufgrund der rasanten Entwicklung der technischen Möglichkeiten auch nicht

---

[12] Vgl. Schmidt, 2011

einfach und erfordert eine kontinuierliche Beschäftigung mit den aktuellen Entwicklungen im Bereich Social Media und Onlinemarketing.[13]

2.2 Die Besonderheiten im Marketing von sozialen Organisationen

Beim Marketing von sozialen Organisationen sind einige besondere Rahmenbedingungen zu beachten. Bei den Angeboten handelt es sich in den meisten Fällen um Dienstleistungen, die häufig in einem besonderen Leistungsdreieck zwischen Kunde, Leistungserbringer und Leistungsträger erbracht werden, da Dienstleistungen im sozialen Bereich oft aufgrund sozialrechtlicher Vorgaben von staatlichen Stellen finanziert werden.

Bei vielen der sozialen Organisationen handelt es sich zudem um Organisationen des Nonprofit-Sektors, wenn auch der Anteil der kommerziellen Unternehmen, aufgrund der Verknappung finanzieller Ressourcen im sozialen Bereich und dem Paradigmenwechsel hin zu zunehmender marktwirtschaftlicher Konkurrenz, wächst.

Diese Bedingungen prägen die Marketingplanung sozialer Organisationen und erfordern eine besondere Berücksichtigung der Kommunikation mit den Stakeholdern[14].

2.2.1 Die besonderen Bedingungen bei der Erbringung von Dienstleistungen

Meffert und Bruhn definieren Dienstleistungen als „selbstständige, marktfähige Leistungen, die mit der Bereitstellung (z.B. Versicherungsleistungen) und/oder dem Einsatz von Leistungsfähigkeiten (z.B. Frisörleistungen) verbunden sind (**Potentialorientierung**). Interne (z.B. Geschäftsräume, Personal, Ausstattung) und externe Faktoren (also solche, die nicht im Einflussbereich des Dienstleistungsanbieters liegen) werden im Rahmen des Erstellungsprozesses kombiniert (**Prozessorientierung**). Die Faktorenkombination des Dienstleistungsanbieters wird mit dem Ziel eingesetzt, an den externen Faktoren, an Menschen (z.B. Kunden) und deren Objekten (z.B. Auto des

---

[13] Vgl. Zerfass/Fietkau, 1997, S.36
[14] „Als Bezugsgruppen oder Stakeholder bezeichnet man jene Rollenträger im gesellschaftspolitischen Umfeld der Unternehmung, mit denen Kommunikationsbeziehungen angestrebt oder aufgenommen werden." Zerfass /Fletkau, 1997, S.16

Kunden nutzenstiftende Wirkungen (z.B. Inspektion beim Auto) zu erzielen **(Ergebnis-orientierung)**."[15]

In Abgrenzung zu Sachleistungen sind Dienstleistungen also durch ihre Immaterialität und Nichtlagerfähigkeit, die Notwendigkeit der Integration eines externen Faktors, die kontinuierliche Bereitstellung der Leistungsfähigkeit des Anbieters gekennzeichnet.[16]

- Die Leistungsfähigkeit und Leistungsbereitschaft des Anbieters

Um eine Dienstleistung anbieten zu können, muss der Anbieter zunächst in Vorleistung seine Leistungsfähigkeit als internen Produktionsfaktor bereitstellen. Diese Leistungs-fähigkeit beinhaltet seine personelle Möglichkeiten und Fähigkeiten ebenso, wie die sachlichen Voraussetzungen der Produktion.[17]

„Das **Absatzobjekt ist die Leistungsbereitschaft** zur Verrichtung einer Dienstleistung. Da das Absatzobjekt bei Vertragsabschluss nicht in konkreter Form vorliegt, wird dem Nachfrager ein Leistungsziel bzw. Leistungsergebnis **versprochen**. Im Gegensatz zu Produktions- und Handelsbetrieben können Dienstleistungsbetriebe somit nur ihre **Fähigkeiten** anbieten, durch einen Verrichtungsprozess eine Bedürfnisbefriedigung des Kunden herbeizuführen. Niemals kann jedoch ein fertiges oder zu fertigendes Sachgut angeboten werden."[18]

- Die Integration eines externen Faktors

Erst in der Kombination mit dem durch den Kunden zeitlich begrenzt eingebrachten externen Faktor (zu reparierende Maschine, die eigene kranke Person, die Frage, die in der Beratung geklärt werden soll) kann der Anbieter unter Nutzung seiner Ressourcen Leistungsbereitschaft und Leistungsfähigkeit die Dienstleistung erstellen.

---

[15] Meffert/Bruhn,2006, S.33; Die Autoren weisen aber auch darauf hin, dass aufgrund der großen Heterogenität von Dienstleistungen und der Kopplung von Verkauf von Sachleistung und dabei angebotenen Dienstleistungen (Beratung, Kundendienst, etc.)eine klare Abgrenzung zwischen Sachleis-tungen und Dienstleistungen sowie eine eindeutige Definition schwierig ist.
[16] Vgl. Velev, 2009, S.13
[17] Vgl. Velev, 2009, S.17.; Meffert/Bruhns,2006, S.64
[18] Bieberstein, 2001, S.30

Dadurch erhält die Kommunikation mit dem Kunden eine besonders große Bedeutung. Das Ergebnis des Produktionsprozesses ist abhängig von dem Gelingen der Interaktion zwischen Kunde und Dienstleister.

Die Dienstleistung muss immer mehr oder weniger stark individuell an den eingebrachten externen Faktor angepasst werden und kann somit schwer standardisiert werden. Bei einigen Dienstleistungsangeboten, beispielsweise therapeutischen Beratungsprozessen, wird der Kunde durch Einbringung des externen Faktors sogar zum Mitproduzenten der Dienstleistung.

Dies erfordert eine hohe Flexibilität des Personals und erschwert die Beibehaltung einer gleichbleibend konstanten Qualität des Angebots.[19]

„Die Notwendigkeit der Integration externer Faktoren macht die Dienstleistungserstellung zu einem interaktiven Prozess zwischen Anbieter und Nachfrager. Der Dienstleistungsprozess wird dabei stark von der Wechselbeziehung zwischen Anbieter und Kunde im Erstellungsprozess beeinflusst."[20]

- Die Immaterialität

Dienstleistungen können aufgrund ihrer Immaterialität zu dem Zeitpunkt, zu dem der Kunde die Entscheidung dafür oder dagegen fällt, nicht auf ihre Qualität überprüft werden. Erst nach dem Kauf der Dienstleistung erfolgt die eigentliche Leistungserbringung. Dadurch entsteht für den Kunden ein höheres Risiko, und im Kontakt zwischen Anbieter und Kunde erhält das Vertrauen des Kunden zum Anbieter eine hohe Bedeutung.

„Der Kunde muss darauf vertrauen, dass das vom Anbieter abgegebene immaterielle Leistungsversprechen auch zufriedenstellend erbracht werden kann."[21]

Umso wichtiger werden Empfehlungen anderer Kunden, ein positives Image des Unternehmens und externe Qualitätsprüfungen, deren Ergebnisse öffentlich gemacht wurden. Vertrauensbildende Marketingmaßnahmen und kontinuierliche Qualitätssicherungsmaßnahmen sind deshalb Kernpunkte im Marketing von Dienstleistungen.

---

[19] Vgl. Bieberstein, 2001, S.32.; Vgl. Meffert/Bruhn, 2006, S.65
[20] Bieberstein, 2001, S.32
[21] Bieberstein, 2001, S.53

Es findet kein Wechsel im Besitz statt. Produktion und Marketing erfolgen gleichzeitig, das „Produkt" entsteht erst in der Servicesituation und die Interaktion zwischen dem Servicepersonal und den Kunden verkörpert den „Produktionsprozess". Aufgrund der hohen Bedeutung des personellen Faktors können leicht Schwankungen in der Qualität auftreten.[22]

Dienstleistungen erfordern somit aufgrund ihrer spezifischen Merkmale eine erhöhte Notwendigkeit der Einbindung des Kunden in den Prozess der Dienstleistungserstellung und ein schwerpunktmäßiges Relationship Marketing, einem Managementansatz, der sich seit den neunziger Jahren entwickelt hat und verstärkt die Relevanz der Beziehungen zu den verschiedenen Anspruchsgruppen in den Vordergrund stellt.[23]

Die große Bedeutung der Interaktion zwischen Kunde und Anbieter/Mitarbeiter macht die interne und externe Kommunikation von Dienstleistungsbetrieben und die Personalplanung und –entwicklung zu Schwerpunkten der Marketingplanung. Kommunikation ist im Marketing von Dienstleistungen ein essentieller Erfolgsfaktor.[24]

Aufgrund der Immaterialität und der Synchronizität von Dienstleistungserstellung (sog. „Uno-Actu-Prinzip") und –inanspruchnahme ist eine vorherige Prüfung des Produktes durch den Kunden erschwert, wodurch der Aufbau einer Vertrauensbasis zwischen Kunden und Anbieter und die Entwicklung eines positiven öffentlichen Images eine besondere Bedeutung erhält.

Aus diesem Grund sind vor allem auch die Möglichkeiten des schnellen, unkomplizierten und interaktiven Kundendialogs durch Onlinekommunikation und die neuen Medien des Social Web, insbesondere die sich durch schnell wachsende Mitgliederzahlen auszeichnenden sozialen Netzwerke im Internet als Chance zum verbesserten Dialog mit dem Kunden zu prüfen.

---

[22] Vgl. Bieberstein, 2001, S.28
[23] Vgl. Meffert/Bruhn, 2006, S.73-75; Der Managementansatz des Relationship Marketing beschäftigt sich mit dem Marketing von Kundenbeziehungen sowie den Beziehungen zu den anderen Stakeholdern und beinhaltet die Entwicklung von Strategien zur Kundenbindung, Kundenakquisition und Kundenrückgewinnung.
[24] Vgl. Bieberstein 2001, S.36

2.2.2 Die besonderen Bedingungen des Marketings im sozialen Bereich

Der soziale Bereich ist gekennzeichnet durch die große Bandbreite und Verschiedenheit sozialer Dienstleistungsorganisationen. Er umfasst Angebote im Bereich Erziehung, Jugendarbeit, Behindertenarbeit, Beratung in besonderen Problemlagen, Altenarbeit, Gemeinwesenarbeit, Betriebssozialarbeit, Suchthilfe und andere mehr, und weist dabei in vielen Arbeitsfeldern auch Überschneidungen zum Gesundheitsbereich auf. Zudem finden sich aufgrund der Entwicklung hin zur Marktorientierung und Privatisierung in vielen Bereichen der sozialen Arbeit neben den Nonprofit-Organisationen auch zunehmend gewinnorientierte, gewerbliche Unternehmen sowie Organisationen, in denen nichtkommerzielle und kommerzielle Arbeitsfelder nebeneinander existieren (Behindertenwerkstätten, etc.) . Eine genaue Definition und Abgrenzung ist dadurch schwierig. Christa schlägt als Abgrenzungsmerkmal „die leistungsrechtliche Vorgabe nach dem Sozialgesetzbuch und/oder die faktische Leistungserbringung durch einen anerkannten Träger der freien Wohlfahrtspflege" vor.[25]

Personenbezogene Dienstleistungen des sozialen Bereichs werden, von einzelnen Ausnahmen abgesehen, größtenteils nicht direkt vom Kunden bezahlt, sondern von einem Leistungsträger und befinden sich dadurch in einem sogenannten „Leistungsdreieck", in dem neben dem Kunden und verschiedenen konkurrierenden leistungserbringenden Anbietern noch der Leistungsträger in einer Wechselbeziehung zu Kunde und Anbietern steht.[26]

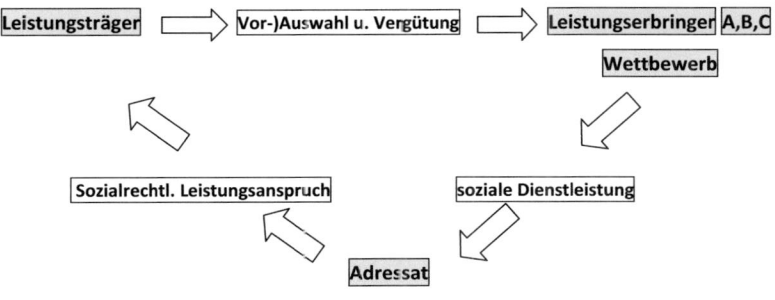

Abb. 2: Sozialrechtliches Leistungsdreieck
Quelle: Christa, 2010, S.31/32

---

[25] Vgl. Christa, 2010, S.26
[26] Vgl. Christa, 2010, S.31

Dies impliziert, das der Begriff des „Kunden" für den Leistungsempfänger in der sozialen Arbeit nicht ganz zutreffend ist und vielfach diskutiert wird. Der Leistungsempfänger hat häufig nicht die volle Wahlfreiheit bezüglich des Leistungsanbieters, es besteht eine asymmetrische Informationsverteilung und der Kunde kann nur zwischen den Anbietern wählen, die vom Leistungsträger finanziert werden. Eventuell ist der Kunde im Prozess der Leistungserbringung aufgrund persönlicher Einschränkungen gar nicht oder nicht mehr in der Lage, seine Wahl eigenverantwortlich zu treffen. In vielen Fällen ist der Kunde selbst der „externe Faktor" der Dienstleistungserbringung und in manchen Beziehungen zwischen Leistungsempfänger und Leistungserbringer, zum Beispiel in therapeutischen Beratungen, kann der Kunde sogar als Mitproduzent der Dienstleistung bezeichnet werden.

Und es impliziert ebenfalls, dass die leistungserbringende Organisation in der sozialen Arbeit mit zwei oder mehr „Kunden" als Interessensgruppen konfrontiert ist, da der Adressat der Dienstleistung nicht der einzige „Kunde" des Leistungserbringers ist, sondern der Leistungsträger ebenfalls die Rolle eines „Monopolkunden" innehat, da die Leistung aufgrund rechtlicher Rahmenbedingungen zumeist nur von einem Leistungsträger finanziert wird, abgesehen von meist nur geringfügigen Zusatzfinanzierungen durch Spender und Sponsoren.[27]

Einschränkungen in diesem Kontext des sozialrechtlichen Leistungsdreiecks ergeben sich zudem aus den von Politik und Verwaltung festgelegten gesetzlichen Grundlagen für die Finanzierung und Leistungserbringung.

Organisationen der sozialen Arbeit befinden sich also in einem komplizierten Beziehungsgeflecht zu ihren Stakeholdern und müssen die unterschiedlichen Ansprüche und Ziele dieser Anspruchsgruppen koordinieren. Dadurch erhält der Begriff der „Kundenorientierung" im Marketing sozialer Organisationen eine wesentlich differenziertere Bedeutung, müssen doch häufig gänzlich gegensätzliche Bedürfnisse, Ziele und Ansprüche verschiedener Stakeholdergruppen gleichzeitig berücksichtigt und in die Dienstleistungserbringung integriert werden.

---

[27] Vgl. Christa, 2010 S.31/32

Die Marketingziele sozialer Organisationen liegen sowohl im ökonomischen (Umsatz und Absatzsteigerung bzw. Auslastung der Einrchtung, Steigerung des Marktanteils, Ausschöpfung des Marktpotentials und Rentabilitätssteigerung) als auch im psychografischen Bereich (Erhöhung des Bekanntheitsgrades und Bildung eines positiven Images)[28].

Daneben kommen, besonders bei Nonprofit-Organisationen[29] weitere Ziele hinzu, wie

- die Beschaffung zusätzlicher Ressourcen (Spender, Förderer, neuer Leistungsträger als Vertragspartner),
- den Aufbau eines Netzwerks von Beziehungen zu anderen Fachkräften und möglichen Unterstützergruppen sowie politischen und gesellschaftlichen Interessensgruppen zur gesellschaftspolitischen Einflussnahme und
- die Freiwilligen- und Ehrenamtlichenanwerbung (auch ehrenamtliche Experten).[30]

Gerade in nichtkommerziellen sozialen Organisationen liegen die Ziele manchmal sehr heterogen und weitgefächert in politischen, sozialen oder ethischen Bereichen. Nonprofit-Organisationen bewegen sich in einem komplexen Beziehungsgeflecht, das neben den Beziehungen zwischen Kunden und Organisation auch noch die Beziehungen zu den Spendern, Leistungsträgern, kundenvermittelnden Stellen, Behörden, Politikern, Bürgern, etc. berücksichtigen muss.

Adressaten   Kostenträger   Bürger   Verbände   Fachwelt   Mitarbeitende   Lieferanten   Politik   Medien

Soziale Organisation

Abb. 3: Zielgruppen/Stakeholder einer sozialen Organisation
Quelle: Christa, 2010, S.42

---

[28] Vgl. Bieberstein, 2001, S.140/141
[29] Bruhn, 2005, S.33; Bruhn definiert eine Nonprofit-Organisation als „eine nach rechtlichen Prinzipien gegründete Institution(privat, halbstaatlich, öffentlich), die durch ein Mindestmaß an formaler Selbstgestaltung, Entscheidungsautonomie, und Freiwilligkeit gekennzeichnet ist und deren Organisationszweck primär in der Leistungserstellung im nichtkommerziellen Sektor liegt."
[30] Vgl. Bruhn, 2005, S.90-93

Oft orientiert sich die Zielsetzung nicht ausschließlich an den Bedürfnissen der Nachfrager, sondern versucht sogar im Gegenteil, den Kunden zu beeinflussen und sein Verhalten in eine bestimmte Richtung zu verändern. Dies impliziert, dass die verschiedenen Anspruchsgruppen der Organisation durchaus schwerpunktmäßig verschiedene Zielsetzungen verfolgen können, die dann jedoch entsprechend miteinander kommuniziert und koordiniert werden müssen, was ein besonders gut koordiniertes Relationship Management erfordert.

Ausgaben für das Marketing sozialer Organisationen sind meist nicht durch Leistungsträger mitfinanziert, sie werden von Spendern und Förderern mit besonderem Argwohn betrachtet und tendenziell als Verschwendung gesehen. In vielen sozialen Organisationen stehen deshalb nur geringe Budgets für Öffentlichkeitsarbeit und Marketing zur Verfügung.[31]

Eine abschließende Erfolgsmessung ist in der sozialen Arbeit häufig schwierig, da bei den Stakeholdergruppen unterschiedliche Zielsetzungen bestehen, die stark divergieren können (finanzielle Einsparungen, Disziplinierung, freie Entfaltung, Teilhabe am gesellschaftlichen Leben, etc.).

Die Wirkungskontrolle und somit die Qualitätskontrolle personenbezogener Dienstleistungen im sozialen Bereich ist aufgrund der geringen Standardisierungsmöglichkeit eingeschränkt und sehr vom Gelingen der Kommunikation und dem Kontakt zwischen Mitarbeitern und Stakeholdern abhängig.

---

[31] Vgl. Bruhn, 2005, S.46-65

2.3 Kommunikation und Kommunikationspolitik im Marketing

Mit den wachsenden Anforderungen an das Marketing und Kundenkommunikation vollzog sich in den letzten Jahren ein kontinuierlicher Wandel der Kommunikationspolitik in den Unternehmen. Das sich technisch und bezogen auf die Nutzerzahlen schnell entwickelnde Internet ermöglichte neue Formen der Kommunikation, die von den Kunden zunehmend eingefordert werden. War Werbung früher weitestgehend eindimensional und monologorientiert und nach dem Motto „Viel hilft viel" gestaltet[32], so können heute im Onlinemarketing ohne großen finanziellen und technischen Aufwand interaktive und dialogorientierte Mittel der Kundenkommunikation und Vernetzung sowie zielgerichtete personalisierte Werbemöglichkeiten genutzt werden.

Kommunikation bezeichnet den Austausch, die Vermittlung und die Aufnahme von Informationen, auch nonverbaler Art, zwischen Menschen zur Gestaltung der zwischenmenschlichen Beziehungen und hat somit eine wichtige Funktion für die Koordination arbeitsteiliger Prozesse und Beziehungen innerhalb und außerhalb der Organisation sowie für die Kommunikation mit den Stakeholdern im Marketing.[33]

Die Kommunikationspolitik im Unternehmen hat die Aufgabe, die verschiedenen Kommunikationsinstrumente eines Unternehmens zielgerichtet einzusetzen und eine Strategie der Darstellung seiner Angebote sowie der Kommunikation mit den verschiedenen Anspruchsgruppen (Kunden, Mitarbeiter, Leistungsträger, etc.) zu entwickeln, zu gestalten, zu koordinieren und zu evaluieren.[34] Sie ist den Entscheidungen der Angebots-, Preis- und Distributionspolitik nachgeordnet, da sie ausgehend von Entscheidungen in diesen Bereichen eine Kommunikationsstrategie entwickeln muss.[35]

Besonders in den durch die Immaterialität des Produktes geprägten Dienstleistungsbereichen der sozialen Arbeit sowie in Nonprofit-Organisationen hängt die Darstellung des Unternehmens und des Angebotes für den Kunden entscheidend von der Art und Weise und der Qualität der verschiedenen Instrumente und Formen der Kommunika-

---

[32] Vgl. Renker, 2008, S.13
[33] Vgl. Staehle, 1990, S.275; Vgl. Zerfass/Fietkau, 1997, S.10/11
[34] Vgl. Velev, 2009, S.22
[35] Vgl. Christa, 2010, S.222/223

tion ab.[36] Die besonderen Kompetenzen und Fähigkeiten des Anbieters in der Dienstleistungserbringung müssen kommuniziert werden, ebenso wie die Angebote zur
Integration des externen Faktors in Form von Kommunikationsprozessen (z.B. Beratung) und die Angebote der interaktiven-dialogischen Kommunikation zur Abstimmung von Angebot und Kundenbedürfnis. Weiterhin muss die Dienstleistung (Räume,
Mitarbeiter, etc.) visualisiert und kommuniziert werden und können neue Angebote
dargestellt sowie deren Akzeptanz beim Kunden erfragt werden.[37]

Christa weist darauf hin, dass die spezifischen Merkmale von Dienstleistungen, auch
spezifische Leistungen der Kommunikationspolitik erfordern, welche auch auf den
sozialen Bereich übertragbar sind:

-   Sie muss im besonderen Maße Vertrauen schaffen für das „Vertrauensgut"
    Dienstleistung
-   Sie muss Formen finden, um das immaterielle Produkt Dienstleistung und die
    Kompetenzen des Dienstleistungserbringers darzustellen
-   Sie muss die Komplexität der zu kommunizierenden Dienstleistung auf einige
    typische und spezifische Charakteristika reduzieren.
-   Sie muss die Grenzen der Standardisierbarkeit in der Außendarstellung berück-
    sichtigen (Garantieversprechen sind deshalb problematisch) und kann wenig
    auf Vergleiche mit Konkurrenten zurückgreifen.
-   Sie muss die Integration der externen Faktors Kunde darstellen und die Not-
    wendigen Rahmenbedingungen(z.B. Mitarbeit des Kunden) für eine erfolgrei-
    che Dienstleistungserbringung.[38]

Im sozialen Bereich muss darüber hinaus die Besonderheit des doppelten Kundenver-
hältnisses gegenüber Kostenträger und Leistungsempfänger bei der Entwicklung einer
Kommunikationsstrategie berücksichtigt werden (Darstellung der Kostengünstigkeit
und der hohen Qualität der Angebote gegenüber dem Kostenträger, Darstellung der
Attraktivität und Bedürfnisorientierung der Angebote gegenüber dem Leistungsempfänger). Eine besondere Herausforderung ist auch die Darstellung der in der Öffentlichkeit oft negativ besetzte sozialer Problemlagen, die in der Sozialen Arbeit in

---

[36] Vgl. Bruhn, 2005, S.98
[37] Vgl. Meffert/Bruhn, 2006, S.467-469
[38] Vgl. Christa, 2010, S.224

manchen Bereichen im Mittelpunkt der zu erbringenden Dienstleistung stehen (Sucht, Kriminalität, Krankheit, etc.).[39]

Luthe beschreibt insgesamt die Öffentlichkeitsarbeit einer Organisation vorrangig als Beziehungsarbeit, d.h. Kommunikation zw schen den Stakeholdern unter Berücksichtigung des jeweils unterschiedlichen Kommunikationsbedarfs und der sich aufgrund der verschiedenen Interessen unterscheidenden kritischen Konfliktpunkte.[40]

Die Vielzahl heute möglicher Kommunikationsmittel macht eine zielgerichtete Kommunikationsstrategie notwendig. Sie muss sich differenziert an alle Stakeholder des Unternehmens wenden und das Angebot sowie die Leistungsfähigkeit des Unternehmens an die verschiedenen Interessensgruppen vermitteln. Dabei kann der Einsatz von Onlinekommunikation neue Möglichkeiten des Marketing und der Kommunikation eröffnen, die auch eine verstärkte Dialogorientierung ermöglichen.

2.4 Die Bedeutung des Dialoges in der Kommunikationspolitik

Der Dialog in der sprachlichen Kommunikation ist gekennzeichnet durch seine Wechselseitigkeit und seine Ergebnisoffenheit [41] Dies bedingt die geringe Planbarkeit eines solchen Prozesses und macht ihn für Unternehmen und Organisationen zu einem Risikofaktor. Als Mittelweg zwischen dem idealtypischen ergebnisoffenen reflexiven Dialogverständnis und dem fassadenhaften Einsatz von dialogischen Techniken zur Ablenkung von konfliktträchtigen Entscheidungen und zur zielgerichteten Beeinflussung und Persuation nennt Szyszka die dialogorientierte Auseinandersetzung auf argumentativer und fachlicher Ebene unter Berücksichtigung der Organisationsinteressen und Ziele, ohne diesen das Kennzeichen der Ergebnisoffenheit vollständig zu opfern, sondern im Einzelfall zu prüfen, ob die eingebrachten Argumente, Meinungen oder Sichtweisen eine grundlegende Veränderung der Unternehmensstrategie erfordert.[42]

---

[39] Vgl. Christa, 2010, S.225
[40] Vgl. Luthe, 1995, S.34
[41] Vgl. Szyszka, 1996, S.88
[42] Vgl. Szyszka, 1996, S.102/103

Dialogkommunikation kann dann in solchen Situationen, in denen eine Strategieänderung auf der Grundlage der in den Dialog eingebrachten Argumente erfolgt, der Auslöser für innovative Veränderungen und Weiterentwicklungen im Unternehmen und der Gesellschaft sein.[43] Zudem kann sie, durch die Einbeziehung kritischer Haltungen und die offene Kommunikation über Problematisches, Transparenz bezüglich der Entscheidungen einer Organisation schaffen, heutzutage eine Voraussetzung für die Glaubwürdigkeit eines Unternehmens.[44] Dabei ist jedoch zu berücksichtigen, dass Transparenz außerhalb eines Unternehmens auch Transparenz innerhalb dieses Unternehmens und eine dies ermöglichende und unterstützende Unternehmenskultur voraussetzt.[45]

Der Einsatz dialogischer Kommunikationmittel muss unter den Gesichtspunkten der Effizienz und Effektivität kritisch geprüft und geplant werden. Besonders die rasante Entwicklung immer neuer Online-Technologien und die dadurch entstehenden neuen Formen von Öffentlichkeit erfordern eine flexible Anpassung der Kommunikationsstrategie an sich schnell verändernde Anforderungen und Entwicklungen.[46]

Die neuen technischen Möglichkeiten des Dialoges mit dem Kunden, die das Internet, das Social Web und insbesondere auch soziale Netzwerke im Internet bieten, können bezüglich ihrer Dialogfähigkeit deutlich über den klassischen Medien eingestuft werden.

Allerdings ist nicht jede interaktive Technik und jede Form von Onlinemarketing ein Garant für einen Dialog: sprachgesteuerte Telefonsysteme ermöglichen noch keinen Dialog, ebenso wenig wie Online-Bestellung oder „Gefällt mir"-Buttons.[47] Zudem sind dialogorientierte Kommunikationskonzepte nicht der ausschließliche" Königsweg", sondern sollten in ein Gesamtkonzept, das auch persuasive und informative Ansätze beinhaltet, integriert werden und sich situativ angepasst an den aktuellen Anforderungen der Stakeholder ausrichten.[48]

---

[43] Vgl. Röglin, 1996, S.234/235
[44] Vgl. Röglin, 1996, S.135
[45] Vgl. Röglin, 1996, S.238/239
[46] Vgl. Zerfaß, 1996,S.53-55; Vgl. Zerfaß, 2004, S.393
[47] Vgl. Bentele/ Steinmann/ Zerfaß, 1996, S.455; Vgl. Zerfass/Fietkau, 1997, S.14
[48] Vgl. Bentele/ Steinmann/ Zerfaß, 1996, S.456/457

2.5 Was ist das „Social Web"?

Mit der rasanten Entwicklung der technischen Möglichkeiten im Internet ist in den letzten Jahren eine Vielzahl von Anwendungen entstanden, die die Vernetzung ihrer Nutzer und den Austausch von verschiedenen Ressourcen und Informationen ermöglichen und häufig unter dem Begriff Web 2.0[49] oder auch „Social Web" zusammengefasst wird. Was aber genau kennzeichnet das Social Web?

Ebersbach, Glaser und Heigl definieren „Social Web" folgendermaßen:

„Das „Social Web" besteht aus:

- (im Sinne des WWW)webbasierten Anwendungen,
  - die für Menschen,
  - den Informationsaustausch, den Beziehungsaufbau und deren Pflege, die Kommunikation und die kollaborative Zusammenarbeit
  - in einem gesellschaftlichen oder gemeinschaftlichen Kontext unterstützen, sowie
- den Daten, die dabei entstehen und
- den Beziehungen zwischen Menschen , die diese Anwendungen nutzen."[50]

Dabei kann anhand der inhaltlichen Schwerpunkte der Anwendungen unterschieden werden in

- Wissenscommunities, wie Wikis oder Bookmarking-Dienste, die (eventuell auf der Grundlage einer speziellen Software) das gemeinschaftliche Sammeln, Schreiben und Systematisieren von Informationen und Texten verschiedene Nutzer ermöglichen, beispielsweise Wikipedia oder Mister-Wong, und dabei auf die Akkumulation von Wissen vieler Menschen und die sich gegenseitig korrigierenden Nutzer bauen,
- Social Sharing Dienste, die den Austausch digitaler Inhalte ermöglichen, wie Flickr (Austausch von Bildern/Fotos) oder Youtube (Austausch von Videos),
- Blogs[51], bei denen regelmäßig, ähnlich einem Tagebuch, aktuelle Text-, Foto- oder Videobeiträge von einzelnen Personen oder auch Unternehmen und Or-

---

[49] erstmals verwandt von Tim O´Reilly 2004, vgl. Schmidt, 2008, S.18
[50] Ebersbach/ Glaser/ Heigl, 2008, S.31

ganisationen in Netz gestellt werden, und von denen sich einige durchaus zu journalistisch oder literarisch professionellen Plattformen entwickelt haben,

- Konsumentencommunities, in denen sich Konsumenten über Produkte austauschen, wie tripadvisor.de oder ciao.de,

- Mikrobloggingdienste wie Twitter,

- Soziale Netzwerke, die dem Nutzer die Erstellung eines eigenen persönlichen Profils und die Vernetzung mit anderen Nutzern durch verschiedene Kommunikationsmittel ermöglichen, wie Facebook, MySpace.[52]

2.6 Onlinemarketing

In Vergleich zum klassischen Marketing ermöglichet das Marketing im Internet und Social Web in verstärktem Maße die interaktive Kommunikation mit dem Kunden. Im Socal Web können verschiedenste Medien und Techniken miteinander kombiniert werden, - chatten, Bilder austauschen, schreiben, Videos ansehen, alles kann auf einer Webseite möglich sein. Nach wie vor ist das prioritäre Ziel, die Bedürfnisse des Kunden bestmöglich zu befriedigen, aber die neuen Möglichkeiten lassen auch neue Bedürfnisse entstehen. Der Kunde will schneller, flexibler und persönlicher informiert werden. Er möchte ohne großen technischen Aufwand und Fähigkeiten mit dem Anbieter kommunizieren und interagieren können, er möchte unterhalten werden und er reagiert schnell mit wegzappen oder Ärger auf belästigende oder uninteressante Werbemethoden.[53] Es hat eine Entwicklung von der „Push-" zur „Pullkommunikation" stattgefunden, der Kunde will immer weniger ungefragt mit Werbung wie aggressiven Popups oder Bannerwerbung überschüttet werden, sondern sucht sich seine Informationskanäle selbst, „abonniert" die Werbung, die er haben möchte und verbreitet diese, sofern sie besonders informativ oder unterhaltsam ist, oder auch eigene Empfehlungen in seinem Netzwerk.[54] Durch die schnellen Verbreitungsmöglichkeiten und den leichten Zugang zu vielen Informationsquellen weltweit ist der Nutzer inzwischen einer

---

[51] Kurzform von Weblogs
[52] Vgl. Ebersbach/ Glaser/ Heigl, 2008, S.33; Vgl. Kilian/Langner, 2010, S.133/134
[53] Vgl. Kielholz, 2008, S.192/193
[54] Vgl. Renker, 2008, S.20

solchen Fülle von Informationen ausgesetzt, dass es für ihn immer notwendiger wird, diese möglichst schon im Vorfeld zu ordnen, zu werten und zu selektieren.

Bruhn stellt fest: „Der Dialog wird von den individuellen **Informations- und Unterhaltungsbedürfnissen** des Rezipienten gesteuert."[55] Es entwickelt sich eine neue Art der interaktiven Dialogkommunikation, die sich jedoch weniger steuern lässt als die bisherige monologische Kommunikation mit den Kunden und wenig berechenbar ist. Sie erfordert deshalb eine in jeder Phase flexible und aufmerksame Kommunikationsweise.[56] „Gefragt sind stattdessen Vorgehensweisen, die die Umfelddynamik und die vielfach nicht vorhersehbaren Spielzüge anderer Kommunikatoren einbeziehen."[57] Aber auch bei sorgfältiger Planung sind die Kontrollmöglichkeiten eingeschränkt, eine hundertprozentige Steuerung durch das Unternehmen ist nicht möglich und es besteht das Risiko der explosionsartigen Verbreitung imageschädlicher Informationen oder Bewertungen, die nur schwer wieder gelöscht oder korrigiert werden können, sondern in den Speichern des Internet dauerhaft erhalten bleiben.[58] Beschränken sich die negativen Bewertungen oder Beschwerden jedoch auf ein kleines Netz von Personen oder führen sie zu einer konstruktiven Auseinandersetzung, so können sie auch als Frühwarnsysteme bei der Bewertung des eigenen Images und des Produktes genutzt werden.[59]

Onlinekommunikation zeichnet sich durch verschiedene besondere Fähigkeiten aus, die für das Marketing genutzt werden können:

- der Möglichkeit der Personalisierung der Werbung und der interessensbezogenen Ansprache des Kunden, beruhend auf den Daten, die durch den Kunden selbst eingegeben oder durch sein Surfverhalten ausgewertet werden, mit dem Ziel, durch die gezielte Ansprache der individuellen Interessen des Kunden die Relevanz der Werbung und damit sein Interesse zu erhöhen;
- der technischen Möglichkeit zur interaktiven und dialogischen Kommunikation mit dem Kunden, die den erhöhten Anforderungen an Partizipation, verbesser-

---

[55] Bruhn, 1997, S.9
[56] Vgl. Zerfass 2004, S. 411
[57] Zerfass, 2004,S.411
[58] Vgl. Zerfass/Fietkau, 1997, S.39/40
[59] Vgl Zerfass/Fietkau, 1997, S.59

ter Dienstleistung und spielerischer Unterhaltung entgegenkommt, mit dem Ziel, den Kunden stärker an das Unternehmen zu binden;

- der Freiwilligkeit der Eingabe von Daten, der selbsttätigen Anforderung von Information und Werbung und der Weiterverbreitung der Werbebotschaft als Empfehlung durch den Kunden, besonders in sozialen Netzwerken im Internet;

- neben der personalisierten, interaktiven und dialogischen kann gleichzeitig auch die (massen-)mediale Kommunikation eingesetzt werden. Das Internet ermöglicht die Nutzung weltumspannender Kommunikationsräume. Diese Kommunikation kann zeit- und ortsunabhängig stattfinden.[60]

Neben Websites und Social-Media-Anwendungen, die den Einsatz aller vier neuen Fähigkeiten ermöglichen, finden sich andere Instrumente, die nicht über alle Möglichkeiten verfügen, jedoch in einem strategisch geplanten Crossmedia-Marketing kombiniert werden können, wie

- Suchmaschinenoptimierung, bei dem durch gezielte Verwendung von häufig bei der Suche verwandten Schlüsselwörtern im Text und in der Überschrift sowie der Optimierung der Linkpopularität die eigenen Seite bei der Suche in Suchmaschinen möglichst als eines der ersten Ergebnisse erscheinen soll,

- E-Mail-/Newsletter-Marketing, bei dem angeforderte oder unangeforderte E-Mails oder Newsletter versandt werden;

- Online-PR, der Bereitstellung von Pressemitteilungen im Internet, entweder auf der eigenen Website, als persönliche E-Mail an Redaktionen oder auf Plattformen wie newsaktuell.de;

- Affiliate-Marketing, einem Empfehlungsmarketing auf Provisionsbasis, bei dem ein Unternehmen virtuelle Empfehlungen durch das Setzen eines Links oder eines Banners in die eigene Seite integriert und dafür Provision erhält;

- Virales Marketing, das auf der freiwilligen Weiterleitung von Werbebotschaften durch den Kunden beruht. [61]

---

[60] Vgl. Kielholz, 2008, S. 194/195, Bruhn, 1997, S.9
[61] Vgl. Kilian/Langner, 2010, S.147

	Interaktivität	Multimedialität	Individualisierung	Pull-Charakter
Website	ja	ja	ja	ja
Online-Werbung	teilweise	ja	teilweise	nein
Suchmaschinenmarketing	teilweise	nein	ja	nein
E-Mail-/Newsletter-Marketing	te lweise	teilweise	teilweise	teilweise
Affiliate-Marketing	nein	teilweise	nein	nein
Virales Marketing	teilweise	ja	nein	ja
Online-PR	nein	ja	nein	ja
Social-Media-Kommunikation	ja	ja	ja	ja

Abb. 4 : Klassifizierung der Instrumente der Online-Kommunikation
Quelle: Kilian /Langner S.163

Besonders das Virale Marketing oder Virusmarketing wird als „Königsdisziplin" beim Einsatz von Social Media, speziell von sozialen Netzwerken, gehandelt.

„Mit dem Virusmarketing ist eine neue Marketingform entstanden, die es sich zum Ziel gemacht hat, geplant Mundpropaganda auszulösen und diese gewinnbringend zu nutzen." [62]

Virales Marketing nutzt den Kontakt zu einzelnen Kunden, die als Meinungsmacher und Vermittler fungieren und die Botschaft des Unternehmens an andere Kunden weitergeben. Es nutzt das Mitteilungsbedürfnis von Menschen, indem es eine für den Kunden interessante oder unterhaltsame Information mit den Unternehmens- oder Produktinformationen koppelt und den Kunden zur Weitergabe der Information innerhalb seines Onlinenetzwerks animiert. Der Kunde gewinnt an Aufmerksamkeit und sozialer Anerkennung durch die Bereitstellung interessanter oder unterhaltsamer Information, und das Unternehmen profitiert so von der weitgehend barrierefreien persönlichen Werbung durch Empfehlung innerhalb des Netzwerks des Kunden.[63]

Damit dies funktionieren kann, muss es sich jedoch um eine überaus innovative, witzige, unterhaltende oder interessante Botschaft handeln, die dann im zweiten

---

[62] Renker, 2008, S.28
[63] Vgl. Renker, 2008, S.29

Schritt, dem sogenannten Seeding, im engen Kundennetzwerk verbreitet wird. Erfolgsfaktoren für eine funktionierende Kampagne sind

- der für den Kunden wahrnehmbare Nutzen, die Nachricht weiterzugeben,
- der Unterhaltungswert der Nachricht,
- der Innovationsgrad und die Aktualität
- die kostenlose Bereitstellung,
- die technisch einfache Verbreitungsmöglichkeit,
- zusätzliche Aufmerksamkeit in Massenmedien,
- und Weiterempfehlungsanreize, wie Bonuspunkte oder Gutscheine. [64]

Trotzdem bleibt es fraglich, ob die Botschaft nicht doch im allgemeinen Strom der vielen Nachrichten untergeht. Virales Marketing ist nur schwer zu lenken, und es bedarf einer genauen Beobachtung der Kommunikationsströme, um die geeigneten Nutzer und Meinungsmacher für das Seeding zu finden.

Eine der Aufgaben im Onlinemarketing ist es deshalb auch, diesen Meinungsmachern in den verschiedenen Internetplattformen, in Blogs und Foren zuzuhören und ihre Äußerungen bezüglich des eigenen Unternehmens oder Produktes auszuwerten, was mithilfe spezieller Auswertungstools möglich ist.

„Die jeweils relevanten Sprach- und Darstellungsformen, Aufmerksamkeitsregeln und Kommunikationswege unterscheiden sich deutlich von bisherigen Kommunikationsräumen. Beispielsweise artikulieren sich in Meinungsplattformen wie epinions.com, dooyoo.de, und ciao.com hunderttausende von Verbrauchern ohne Rücksicht auf die im Journalismus bekannten Selektions- und Qualitätskriterien." [65] Das dadurch verbreitete Bild des Unternehmens beeinflusst im hohen Maße den Entscheidungsprozess des Kunden.

Mehr und mehr ermöglichen es die neuen Anwendungen des Social Web dem Konsumenten, sich zu äußern und eigene Inhalte ins Netz zu stellen. Sie haben eine Entwicklung vom Konsumenten zum Prosumer angestoßen, der selber aktiv veröffentlicht und (mit-)produziert, den sogenannten nutzergenerierten Inhalt (User Generated Content). Diese Möglichkeit der Partizipation wird zwar letztendlich nur von Wenigen genutzt,

---

[64] Vgl. Renker, 2008, S.30-32, Vgl. Kielholz, 2008, S.215
[65] Zerfass, 2004, S.420

wie die in Kapitel 2.4. dargestellten statistischen Zahlen zeigen, trotzdem ist die Mitwirkung von Personen, die der Gruppe der Meinungsmacher zuzuordnen sind, für Unternehmen ein wichtiger Faktor in der Cnlinekommunikation, da sich die Einstellung zum Produkt oder zum Unternehmen positiver entwickelt, wenn der Kunde sich ernst genommen und beteiligt fühlt und die Kommunikation als authentisch erlebt wird.

Provokativ formulierte diese Haltung auch das 1999 im Internet von amerikanischen Autoren und Internetspezialisten veröffentlichte Cluetrain Manifest, eine Sammlung von 95 Thesen über die Veränderung des Verhältnisses zwischen Kunden und Unternehmen durch die Entwicklung des Internets: "Wir sind keine Zielgruppen oder Endnutzer oder Konsumenten. Wir sind Menschen - und unser Einfluss entzieht sich eurem Zugriff. Kommt damit klar."[66]

---

[66] Levine/Locke/Searls/Weinberger, 1999, Überschrift des Cluetrain-Manifestes

3   Soziale Netzwerke

Sozialen Netzwerke im Internet sind derzeit Gegenstand vieler Publikationen und Diskussionen. Die Meinungen dazu reichen von totaler Begeisterung über die vielfältigen Möglichkeiten der Kommunikation bis hin zu Warnungen vor Vereinsamung und sozialer Isolation der Nutzer. Was aber sind eigentlich soziale Netzwerke und welchen Gesetzmäßigkeiten unterliegen sie? Wie definieren sich soziale Netzwerke im Internet?

3.1   Was sind soziale Netzwerke?

Soziale Netzwerke finden wir in vielen gesellschaftlichen Zusammenhängen. Der Begriff bezeichnet das Beziehungsgeflecht, in dem sich Menschen oder Organisationen befinden: verwandtschaftliche Netzwerke, Freundeskreise, Arbeitskollegen und – kontakte, Freizeitvereinigungen, Netzwerke mit geografischer Grundlage (wie nachbarschaftliche Netzwerke), politische/gesellschaftspolitische Beziehungen. Bei einer genaueren Analyse lassen sich dabei nicht nur die beteiligten Personengruppen und die gemeinsame Basis des Netzwerks bestimmen, sondern auch die Intensität der Beziehungen und Interaktionen lassen sich unterscheiden, beispielsweise in starke Bindungen („strong ties") und schwache Bindungen („weak ties"), die Wechselseitigkeit und die Multifunktionalität des Austauschs. In der sozialen Arbeit wird der Begriff Netzwerk häufig als Bezeichnung für das unterstützende soziale System einer Person oder, im Rahmen der Netzwerkarbeit, als Begriff für die zielgerichteten Kontakte zur gegenseitigen Unterstützung zwischen einzelnen Akteuren oder auch Gruppen, Organisationen und Institutionen benutzt.

Durch die Vernetzung entsteht für die Akteure des Netzwerkes aufgrund von Vertrauen und gemeinsam anerkannten Normen und Werten zusätzliches Sozialkapital. Mit Sozialkapital werden die aktuellen und potentiellen Ressourcen bezeichnet, über die der Akteur nicht allein verfügt, sondern von ihm durch die Vernetzung mit anderen Personen zusätzlich generiert werden können, wie beispielsweise Zugang zu zusätzlichen Informationen, Vertrauensvorschuss, gegenseitige Unterstützung, Gewinn an Macht und Einfluss.[67]

Erste Darstellungen solcher Netzwerke finden sich schon bei Moreno, der in den 30ger Jahren mit der Methode der Soziometrie und dem Instrument des Soziogramms die Strukturen sozialer Beziehungen darzustellen versuchte.[68] Dargestellt wird ein Netzwerk zumeist als ein Modell, genannt Graph, bestehend aus sogenannten Knoten und den Verbindungen/Strängen zwischen den Knoten, genannt Kanten, wobei die Knoten die Akteure symbolisieren und die Kanten die Interaktion und Kommunikation zwischen den Akteuren. Das eigentliche Netzwerk besteht also aus der Interaktion zwischen den Knoten.[69]

Eine neue Dimension erlangte der Begriff „soziales Netzwerk" mit den sich schnell entwickelnden neuen Möglichkeiten der Vernetzung durch das Internet und den sich dort entwickelnden "Social Networks" wie zum Beispiel Facebook.

Soziale Netzwerke unterliegen bezüglich ihrer Strukturen und ihres Nutzens für den einzelnen Akteur verschiedenen Gesetzen, die ich im folgenden Punkt darstelle.

3.2 Das „Kleine - Welt - Phänomen" und andere Gesetzmäßigkeiten sozialer Netzwerke

Schon 1967, noch vor dem Siegeszug des Internets, wurde von dem bekannten US-Sozialpsychologen Stanley Milgram ein Versuch durchgeführt, der sich mit der Frage beschäftigte, über wie viele Personen ein Mensch mit anderen Menschen durchschnittlich vernetzt ist. Um dies zu untersuchen, gab er sechzig amerikanischen Versuchspersonen den Auftrag, ein Paket an eine ihm genannte Zielperson in Boston zu verschicken,- direkt, falls sie diese persönlich kannten oder indirekt über eine nächste Person, von der sie glaubten, diese könnte die Zielperson eventuell persönlich kennen. Diese zweite Person erhielt die gleiche Instruktion. Von den 60 Paketen erreichten drei über durchschnittlich 5,5 Zwischenstationen ihre Zieladresse. Zwei Jahre später wiederholte Milgram das Experiment mit einer größeren Anzahl von

---

[67] Vgl. Westle/Gabriel, 2008, S.18-34; Vgl. Kneidinger, 2010, S.19-43
[68] Vgl. Moreno, 1974
[69] Vgl. Fuhse, 2003, S.1-3; Vgl. Pfeffer,2008, S. 227-230

Versuchspersonen und diesmal erreichten 30% der Pakete ihr Ziel, ebenfalls über fünf bis sechs Kontakte.[70] Aufgrund der geringen Anzahl der Versuchspersonen und der eingetroffenen Pakete wurde diese Untersuchung zwar häufig kritisiert, trotzdem aber unter dem Namen „das Kleine-Welt-Phänomen" international bekannt und konnte später von weiteren Untersuchungen bestätigt werden. 1998 unternahmen die amerikanischen Soziologen Duncan Watts und Stephan Strogatz von der Columbia University ein Experiment um die Ergebnisse von Milgram zu überprüfen: mit einem am Computer simulierten Netzwerk von sechs Millionen Punkten bewiesen sie, dass es möglich ist, von jedem Punkt über sechs andere Punkte zu jedem beliebigen anderen Punkt des Netzwerks zu gelangen. Im Jahr 2003 wurde dieses Ergebnis von Duncan Watts, Peter Sheridan Dodds und Doby Muhamad in einer Studie mit E-Mails, die von 61184 Personen aus 166 Ländern an Personen verschickt wurden, die Ihrer Vermutung nach der Zielperson nahestanden, bestätgt.[71] 2008 veröffentlichten zwei Microsoft-Mitarbeiter, Juri Leskovec und Eric Horvitz, das Ergebnis einer Analyse von 240 Millionen Instant-Messenger-Accounts mit 30 Milliarden einzelnen Chatverbindungen, die im Juni 2006 erfolgten: durchschnittlich 6,6 „Zwischenstationen" führten von einer Person zu einer anderen Person im Netzwerk.[72]

So sehr diese Forschungsergebnisse auch verblüffen und begeistern und auch von den Betreibern sozialer Netzwerke im Internet gern als Eigenwerbung benutzt werden: dies ist natürlich nur ein theoretisches Konstrukt. Nicht jeder Mensch steht mit jedem über sechs Kontakte in Verbindung. In der Realität liegen vielfach sprachliche, geografische, politische und technische Grenzen und Hürden dazwischen.[73]

Der Soziologe Mark Granovetter untersuchte 1973 die Auswirkung der Intensität der Beziehungen auf die Reichweite und die Qualität des Sozialkapitals des Netzwerkes. Er unterschied zwischen starken Bindungen (beispielsweise innerhalb der Kernfamilie oder zu engen Freunden) und schwachen Bindungen (zwischen entfernteren Freunden, Bekannten und Arbeitskontakten, etc.) und stellte fest, dass starke Bindungen zwar mehr Unterstützung und Sicherheit bieten, jedoch aufgrund der durch gemeinsame

---

[70] Vgl. Milgram, 1967; Vgl. Steinschaden, 2010, S.67
[71] Vgl. Dodds/ Muhamad/Watts, 2003
[72] Vgl. Leskovec/Horvitz, 2008
[73] Vgl. Steinschaden, 2010, S.69

Werte und Normen entstehenden Geschlossenheit auch Nachteile haben, zum Beispiel weniger neue Informationsquellen erschließen können. Insbesondere die schwachen Beziehungen sind dagegen für weitreichende und effektive Netzwerke wichtig, da sie als Brücken zwischen den durch starke Bindungen verknüpften Netzwerken dienen und dem Individuum wichtige Informationsvorsprünge und weit verzweigte Unterstützungsressourcen sichern.[74] So können auch „Löcher" zwischen Netzwerken überbrückt werden. Zudem verstärkt es die Machtposition desjenigen, der über diese externen Informationsquellen verfügt, wie 1992 der Soziologe Ronald S. Burt feststellte.[75] Diese Stärke bieten durch die einfachen, unkomplizierten Möglichkeiten der Aufnahme und Pflege von schwachen Bindungen auch soziale Netzwerke im Internet.

Eine weitere Dimension sozialer Netzwerke beschreibt das Metcalfsche Gesetz, das sich mit der Entwicklung des Nutzens von Netzwerken in Beziehung zu ihrer Größe befasst. Metcalfe stellte die Formel auf: $\frac{N \cdot (N-1)}{2}$, d.h. der Nutzen eines Netzwerks wächst in der Höhe der Anzahl der Nutzer zum Quadrat. In der Praxis heißt das: Der Nutzen einer neuen Technologie, bei der der Sender zur Kommunikation einen Empfänger braucht, der ebenso über diese Technologie verfügt, um die Nachricht zu entschlüsseln, wächst nicht nur um die Zahl der hinzugekommenen Nutzer, sondern vervielfacht sich mit jedem neuen Netzwerkteilnehmer, da die Zahl der möglichen Zweierverbindungen steigt.[76] Je größer also der Nutzerkreis des Internets im Allgemeinen und eines sozialen Netzwerks im Internet im Speziellen, desto mehr Nutzen bringt es für den einzelnen Netzwerkteilnehmer. Der Internetpionier David P. Reed änderte diese Formel in 2^n-N-1, die besagt, dass in sozialen Netzwerken, die eine Gruppenbildung ermöglichen, der Nutzen nicht nur entsprechend der wachsenden Zahl der möglichen Zweierverbindungen steigt, sondern noch stärker, da die Zahl der möglichen Untergruppen ebenfalls steigt und dadurch zusätzlicher Nutzen generiert werden kann.[77] Ein soziales Netzwerk ist also mehr als die Summe der dyadischen Beziehun-

---

[74] Vgl. Granovetter, 1973, S.1360-1380
[75] Vgl. Burt, 1992
[76] Vgl. Finanz-Lexikon, 2011
[77] Vgl. Reed, 1999

gen, es kann sowohl positive Unterstützereffekte als auch negative Effekte wie Konflikte und Gerüchte vervielfachen und die Verbreitung stark beschleunigen.[78]

Welches ist nun die optimale Größe eines Netzwerks? Jeder Mensch verfügt laut dem Soziologen und Netzwerkexperten Harald Katzmair über ein zentrales Netzwerk von 4-6 wichtigsten sozialen Kontakten und nochmals 5-8 Kontakten im „Kernnetzwerk". Diese Erkenntnis führte auch dazu, dass die Betreiber von Websites versuchen, über die Offenlegung anderer fünf Freunde, die die Seite besuchen, Vertrauen zu schaffen.[79] Die Kapazität eines Menschen bezüglich der Pflege eines Netzwerks endet laut einer Studie von Robin Dunbar, britischer Psychologe/Anthropologe der Oxford University , aufgrund der für die Kontaktpflege aufzubringenden Zeit bei durchschnittlich 150 Personen als Kontakte[80], eine Zahl, die derzeit jedoch noch heftig diskutiert wird.

Bei all diesen Betrachtungen über die Reichweite, Bedeutung und Entwicklung von sozialen Netzwerken sollte man jedoch eines nicht aus den Augen verlieren: Das Netzwerk allein generiert noch keinen Nutzen für seine Mitglieder, sondern nur zielgenaue, für inhaltlichen Mehrwert sorgende Interaktion. Oder praktisch auf meinen Facebook-Account bezogen: meine „Freunde" nutzen mir wenig, wenn es keine sinnvollen, beiden Seiten nützenden Interaktionen gibt.

„Der Wert eines Netzwerks ergibt sich durch die Menge der Kontakte mal der Aktivität, also der Transaktionen zwischen den Kontakten. Wenn diese Kontakte aber nichts zu transagieren haben, schieben sie sich im Prinzip gegenseitig nur Luft zu. Wenn wir uns also ständig nur Links zuschicken und diese weiterverschicken, heißt das noch längst nicht, dass wir einen Wert erzeugen."[81] Und es bedeutet auch nicht automatisch, dass solche Netzwerke machtvoll agieren können.

Die Kennzeichen machtloser sozialer Netzwerke, so fast Thomas Firlus in der Wirtschaftswoche-Online die Untersuchungen von Harald Katzmair und Harald Mahrer zusammen[82], sind:

-   viel Marketing und wenig Inhalt

---

[78] Vgl. Döring, 2003, , S.410
[79] Vgl. Steinschaden, 2010, S. 70
[80] Vgl. Dunbar, 1993
[31] Zitat Katzmayr, in: Steinschaden, 2010, S.74
[82] Firlus, 2011

- machtlose Mitglieder (Personen wie Institutionen)
- keine relevanten Anliegen des Netzwerkes
- keine Selektion der Mitglieder (etwa durch Empfehlungen)
- keine Offenheit für Innovationen
- Funktionen und Titel
- übertriebene Inszenierung und Selbstdarstellung von „Führungspersönlichkeiten"

Somit, so Firlus, sind auch Netzwerke wie Facebook, Xing, etc. eher machtlose Netzwerke, da in ihnen zwar Informationen ausgetauscht werden, diese aber häufig nicht so relevant sind, dass sie zu einem Machtgewinn führen oder zu einer machtvollen win-win-Konstellation. Zudem seien sie nicht in der Lage, die für die Umsetzung von Handlungen notwendigen Strukturen zu schaffen. „Die sozialen Netzwerke sind nicht dazu in der Lage, Macht zu verdichten, weil dies Repräsentation und Strukturen erfordert." [83]

Vielleicht ist diese Erkenntnis der Nutzer beruflicher Netzwerke der Grund für den Rückgang der Nutzerzahlen in diesen nach der anfänglichen Begeisterung.

Dagegen ist jedoch einzuwenden, dass in Netzwerken organisierte Kunden trotz ihrer Unstrukturiertheit über großen Einfluss verfügen, wenn sie Produkte durch Empfehlungen oder Kritik beurteilen und dies anderen Nutzern mitteilen. „Obwohl der einzelne Konsument schwach ist, ist seine kollektive Macht stets größer als der Einfluss jedes Unternehmens."[84] Und es kann durchaus zu einer Verdichtung von Macht führen, wenn sich die Nutzer in Netzwerken wie Facebook verständigen. So führten Vernetzungsprozesse bei Facebook inzwischen auch zu einer Vielzahl von politischen Protestaktionen, wie die Aktionen saudi-arabischer Frauen gegen das Autofahrverbot für Frauen im Juni 2011 (women2drive), und waren teilweise der Anstoß für Veränderungen, man erinnere sich nur an die politischen Entwicklungen in Ägypten und anderen arabischen Ländern 2010/2011.[85]

---

[83] Firlus, 2011, S.4
[84] Kotler/Kartajaya/Setiawan, 2010, S.83
[85] Vgl. Palfrey, 2008, S.310

3.3 Soziale Netzwerke im Internet – Definition und Charakteristika

Soziale Netzwerke sind gekennzeichnet durch folgende Merkmale:

- Die Nutzer müssen sich registrieren und ein eigenes Profil erstellen.
- Die Nutzer vernetzen sich mit anderen Nutzern innerhalb des Netzwerkes und können diese Verbindungen sichtbar machen.
- Die Nutzer können innerhalb dieses Netzwerkes Informationen austauschen.

Boyd/Ellison definieren Soziale Netzwerke als "web-based services that allow individuals to

(1) construct a public or semi-public profile within a bounded system,
(2) articulate a list of other users with whom they share a connection, and
(3) view and traverse their list of connections and those made by others within the system.

The nature and nomenclature of these connectitons may vary from site to site." [86]

Sie sind gekennzeichnet durch meist leichte Zugänglichkeit/Registriermöglichkeit, keine oder geringe Kosten für den Nutzer und benutzerfreundliche Technik, denn der Erfolg solcher Netzwerke hängt, wie schon das Metcalfsche Gesetz zeigt, davon ab, dass sich möglichst viele Nutzer registrieren.

Allerdings zeigt sich, dass auch die Exklusivität und Geschlossenheit eines Netzwerkes ein Erfolgsfaktor sein kann. Wenn nur wenige Menschen exklusiven Zugang haben, vermindert sich zwar die Zahl der möglichen diadischen Verbindungen und Untergruppen, der Machtgewinn kann jedoch gerade durch die Exklusivität entstehen. Auf soziale Netzwerke im Internet bezogen kann das bedeuten, dass sie an Anziehungskraft verlieren, wenn sie für jedermann offen sind. Schon jetzt gibt es unter Jugendlichen einige, für die Facebook „uncool" geworden ist, weil sich auch Mama und Opa dort bewegen.

Wellman nennt als Beurteilungskritereien für Netzwerke die Dichte des Beziehungsnetzes (wie weit sind alle mit allen vernetzt?), die Stärke der Abgrenzung zu anderen Netzwerken und externen Kontakten, die Vielfalt und Anzahl der Kontakte, die Kontrol-

---

[86] boyd/Ellison, 2007, S.262

le über den Zugang zum Netzwerk bzw. die Möglichkeit der Ausschließung von Personen, die soziale Kontrolle und die Stärke der Bindungen. Er beschreibt soziale Netzwerke im Internet anhand dieser Kriterien

- als verdichtend, durch die Offenlegung der bestehenden Kontakte und die
  problemlosen technischen Möglichkeiten der Kontaktaufnahme untereinander,
- als wenig abgegrenzt zu anderen Netzwerken und externen Kontakten, aufgrund geringerer sozialer Kontrolle in virtuellen Netzwerken und leichter Kontaktaufnahme über Grenzen hinweg, auch hinsichtlich räumlicher Grenzen,
  wodurch schwache Bindungen besonders leicht gepflegt werden können,
- als Möglichkeit, einen Pool vieler und heterogener Kontakte aufzubauen, und
  dadurch zur Diversifizierung der Kontakte beizutragen,
- als unterschiedlich stark kontrolliert, denn je nach Netzwerk sind die Zugangs-
  bedingungen verschieden hoch und die Kontrolle durch den Betreiber bzw. die
  Kontrollmöglichkeiten durch den Nutzer unterschiedlich,
- als Orte geringer sozialer Kontrolle, da die Möglichkeit besteht, unter anderem
  Namen/anderer Identität aufzutreten, wenn es sich um ein Netzwerk geringer
  Zugangskontrolle handelt, wobei eine grundlegende soziale Norm eingehalten
  und kontrolliert werden muss, um den Bestand des Netzwerks zu sichern,
- als einen Pool, der sowohl starke als auch schwache Bindungen beinhaltet.[87]

3.4 Vernetzung - Trend der Zukunft oder nur ein Hype?

Welche Bedeutung das Internet und soziale Netzwerke haben, zeigt sich anhand der
wachsenden Zahlen der Nutzer. Bei genauer Betrachtung der Zahlen kann man sehen,
wer genau sich im Internet bewegt, wer soziale Netzwerke nutzt und wofür er sie
hauptsächlich nutzt, und auch, wer davon ausgeschlossen ist, sei es aufgrund von
Armut, fehlenden technischen Möglichkeiten oder fehlender Medienkompetenz.

---

[87] Wellman, 1997, S.186-197

3.4.1 Statistische Zahlen zur Internetnutzung und der Digitale Graben

Die Zahl der Internetnutzer ist in den letzten Jahren massiv gewachsen. Waren 1997 noch nur 6,5% gelegentlich online (4,5 Millionen der ab 14-Jährigen in Deutschland), wuchs diese Zahl laut der ARD/ZDF-Onlinestudie von 2011 auf 55,3% 2004 (35,7 Millionen)und betrug im Jahr 2011 73,3% (51,7 Millionen). Dabei steigt vor allen der Anteil der Internetnutzer in der älteren Bevölkerung, so dass das Durchschnittsalter inzwischen bei 40 Jahren liegt. Trotzdem beträgt der Anteil bei Menschen ab 50 Jahren immer noch nur 47%, während der der unter 50-Jährigen bei 95% liegt.[88]

Und bei alledem muss auch beachtet werden, dass noch 26,7% das Internet nicht nutzen. Besonders in der älteren Generation gibt es immer noch ein „Gender Gap": Frauen ab 50 Jahren nutzen das Internet seltener als jüngere Frauen oder Männer gleichen Alters.[89]

Die aktivsten Nutzer sind die jüngeren, besser ausgebildeten und männlichen Nutzer, eine Gruppe, die auch am aktivsten an partizipativen Inhalten im Netz mitwirkt, wie beispielsweise Wikis, Blog etc. [90] Nach wie vor werden also die verschiedenen Bevölkerungsgruppen unterschiedlich gut erreicht. Es besteht immer noch eine gewisse digitale Spaltung, die eine Nutzung beispielsweise für politische und demokratische Prozesse nur eingeschränkt möglich macht, die allerdings in der jüngeren Generation der „Digital Natives", also derjenigen, die ab 1980 geboren und mit den Möglichkeiten des Internet groß geworden sind, weniger wird.

Zunehmend ist auch die Zahl derer, die über mobile Endgeräte ins Internet gehen: 2011 waren es schon 16% und es ist anzunehmen, dass dieser Trend schnell voranschreitet und durch die größere örtliche Unabhängigkeit von Smartphones und deren sich schnell entwickelnde Möglichkeiten die Internetnutzerzahlen möglicherweise weiter steigen.[91] Laut Facebook nutzten 2011 350 Millionen Mitglieder den mobilen Zugang zum Netzwerk über Smartphones.[92]

---

[88] Vgl. Eimeren/Frees, 2011
[89] Vgl. Eimeren/Frees, 2011
[90] Vgl. Eimeren/Frees, 2011; Vgl. Kotler 2003, S.1115
[91] Vgl. Eimeren/Frees, 2011; Vgl. Bruhn 2005, S.511
[92] Vgl. Facebook

Allein 2010 wurden in Deutschland 7,2 Millionen Smartphones verkauft .

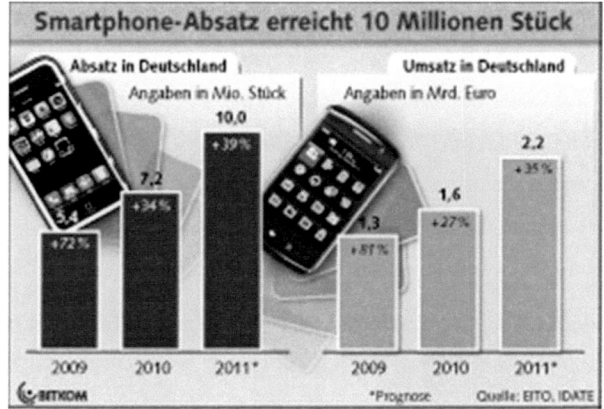

Abb. 5: Verkaufte Smartphones in Deutschland
Quelle: Bitkom Online Studie für 2011; http://www.bitkom.org/de/presse/66442_65897.aspx

Trotz des hier aufgezeigten voranschreitenden Trends der wachsenden Internetnutzer-zahlen:

Ausgeschlossen bei alledem bleiben nach wie vor die schlechter Ausgebildeten[93], die Menschen, die keinen Zugang zum Netz haben, die mit den neuen Techniken nicht umgehen können, und diejenigen, die sich die notwendigen Geräte und Tarife der Internetnutzung nicht leisten können.[94] Die Zahlen des diesjährigen (N)Onliner Atlas Deutschland der Initiative D21 zeigen: Der typische Offliner ist eher weiblich, 66,8 Jahre alt, nicht mehr berufstätig, lebt in einem Haushalt mit 1 bis 2 Personen und hat ein Haushaltsnettoeinkommen von rund 1.560 Euro. Der typische Internetnutzer ist dagegen eher männlich, 41,5 Jahre alt, berufstätig, lebt in einem Haushalt mit 2 bis 3 Personen und hat ein Haushaltsnettoeinkommen von etwa 2.380 Euro. Nur 53 Prozent der Haushalte mit einem Nettoeinkommen von unter 1.000 Euro nutzen das Internet.

---

[93] Vgl. Initiative D21, 20011
[94] Allerdings werden durch die rasant fortschreitende technische Entwicklung die Zugangsmöglichkeiten immer kostengünstiger. So wurde im Oktober 2011 das sieben Zoll große Tablett „Aakash" in Indien vorgestellt, dass umgerechnet nur 34€ kostet, möglicherweise bald nur noch 26€ oder sogar 7,50€ und ärmeren Bevölkerungsschichten die Teilhabe am Wissenspool „Internet" ermöglichen soll. Vgl. Spiegel-Online 2011.
Und die schnelle Verbreitung von Smartphones macht diese möglicherweise zu einer kostengünstigere Kombination von verschiedenen Funktionen plus des Zugangs zum Internet, so dass die Autoren Amberg und Lang schon die Hypothese aufstellen, dass die nächste Generation den PC praktisch gar nicht mehr braucht, sondern ausschließlich das Smartphone nutzt. Amberg/Lang, 2011, S.125

Dagegen ist der Teil der Bevölkerung mit über 3.000 Euro Einkommen zu 92,3 Prozent online. Unter den Menschen mit Abitur oder Studium sind 90,2% Internetnutzer, während nur 60,5% der Hauptschulabsolventen das Internet nutzen. [95]

Dies führt zu einem digitalen Graben, zu einer Spaltung in der Bevölkerung, die unter dem Begriff „Digital Divide" Eingang in die Diskussion gefunden hat. Diese Spaltung verläuft nicht nur zwischen der Gruppe der „Digital Natives" und den „Digital Immigrants" (die das Internet erst als Erwachsene kennengelernt haben), sondern auch an den Grenzen zwischen Reich und Arm, gut Ausgebildeten und schlecht Ausgebildeten, Männern und Frauen, Alten und Jungen, Ländern und Gegenden mit und ohne Internetzugang, Menschen mit mehr oder weniger Medienkompetenz und führen zu Ungleichheiten bezüglich der Partizipationsmöglichkeiten am gesellschaftlichen Leben. Ob die schnelle Entwicklung der neuen Technologien eher die Ungleichheiten verstärkt, oder ob sie gerade den bisher von traditionellen Wissensressourcen wie Bibliotheken und Universitäten abgeschnittenen Gruppen den Zugang zu Information erleichtert, ist dabei sehr umstritten. Das Fortschreiten dieser technologischen Entwicklung erfordert auf jeden Fall, die Zugangs- und Nutzungsmöglichkeiten und auch die Medienkompetenz aller Teile der Bevölkerung (auch weltweit) zu verbessern. Es muss ein Anliegen der Sozialen Arbeit sein, die Teilhabe aller auch in diesem Bereich sicherzustellen, um eine weitere Spaltung zu verhindern. [96]

3.4.2 Statistische Zahlen zu sozialen Netzwerken im Internet

Betrachtet man die Zahlen der jährlichen ARD/ZDF-Onlinestudie unter dem Fokus der Nutzung sozialer Netzwerke, so zeigt sich: Die Zahl ihrer Nutzer steigt nach wie vor, von 39% als Ergebnis der Studie im Jahr 2010 auf 42% im Jahr 2011. Der Anstieg der Zahlen ist auf Zuwächse in den Altersgruppen der 14 bis 19-Jährigen und der 20 bis 29-Jährigen zurückzuführen, bei denen jetzt der überwiegende Teil ein Profil in einem sozialen Netzwerk hat (87% und 70% laut ARD/ZDF-Onlinestudie 2011, laut Bitkom-Studie sogar 96% der unter 30-Jährigen). [97]

---

[95] Vgl. Initiative D21, 2011
[96] Vgl. Palfrey, 2008, S.16/17
[97] Vgl. Busemann/Gscheidle, 2011; Vgl. Bitcom, 2011

Aber auch bei den Älteren wächst das Interesse: laut ADR/ZDF-Onlinestudie 2011 stieg der Anteil von 2010 auf 2011 in der Altersgruppe der 40 bis 49-Jährigen um 9% auf insgesamt 29%, laut Bitkom-Studie hat sogar jeder zweite über 50-Jährige ein Profil in einem Netzwerk.[98]

Während sich bei der Online-Befragung der ARD/ZDF von 2010 eine gewisse Stagnation bei der Entwicklung der Zahlen bezüglich der regelmäßigen Nutzung und dem Interesse an der Möglichkeit der Partizipation und Selbstgenerierung von Inhalten zeigte, ist 2011 wieder ein leichter Wachstumstrend festzustellen. Die Schnelligkeit des Wachstums hat also etwas nachgelassen, aber der Trend ist ungebrochen.

Die ARD/ZDF-Online-Studie 2011 kommt im Gegenteil zu dem Ergebnis, dass langsam aber sicher Soziale Netzwerke immer attraktiver werden.

In der Gruppe der 14 bis 19-Jährigen haben Kommunikationsmöglichkeiten innerhalb sozialer Netzwerke E-Mails abgelöst: 78% nutzen regelmäßig mindestens einmal wöchentlich E-Mails, aber schon 80% mindestens einmal wöchentlich Social Network Sites. Bei den 20 bis 29-Jährigen sind es 81%, die E-Mails einmal in der Woche nutzen, und 66% Online-Communities. Bei den 30 bis 39-Jährigen beträgt das Verhältnis 84% E-Mailnutzer und 37% Community-Nutzer, bei den über 60-Jährigen sind es selbst noch 13% in sozialen Netzwerken (74% E-Mails).[99]

Sukzessive werden nicht nur Nachrichtenfunktionen wie E-Mails sondern auch die anderen Dienste wie Fotosharing und Videocommunities in die sozialen Netzwerke integriert und vor allem bei den Jüngeren Nutzern geht der Trend dahin, alles auf einer Seite, der des Netzwerks zu machen: Posten als Blogfunktion, private Nachrichten schreiben, Chatten, Fotos veröffentlichen, etc. Nur bei den Videocommunities, wie beispielsweise Youtube, ist die gute Suchfunktion noch ein so großer Vorteil, dass sie bisher nicht ersetzt werden können.[100]

Laut Bitkom-Studie verbringen 11% der Nutzer mehr als zwei Stunden im Netzwerk, 25% zwischen einer und zwei Stunden und drei Viertel weniger als eine Stunde.

---

[98] Vgl. Busemann/Gscheidle, 2011; Vgl. Bitcom, 2011
[99] Vgl. Busemann/Gscheidle, 2011
[100] Vgl. Busemann/Gscheidle, 2011

Die durchschnittliche Anzahl der Kontakte beträgt 133, dabei ist jedoch die Streuung der Zahlen so stark, d.h. einige wenige Nutzer haben eine sehr hohe Anzahl an Kontakten, dass der Median[101] von 74 Kontakten wohl aussagekräftiger ist als der statistische Durchschnitt, mit nur geringen Unterschieden zwischen Männern und Frauen.[102]

Wozu nun werden die Möglichkeiten, die das Netzwerk bietet überwiegend genutzt?

Der überwiegende Teil der Mitglieder eines Netzwerks nutzen es zur Kommunikation mit ihren „Freunden", sie schreiben Beiträge, posten, kommentieren, schreiben private Nachrichten, chatten. Mehr als drei Viertel gaben die Kontaktpflege mit ihrem Netzwerk als wichtigste Funktion an.

Ebenfalls wichtig ist das Motiv der Informationssuche: neben den Informationen über Entwicklungen im privaten Netzwerk suchen immerhin schon 32% im Netzwerk gezielt nach Information und nutzen 28% das Netzwerk für die Information über das Tagesgeschehen und tagesaktuelle Nachrichten. 33% schicken über ihr Netzwerk empfehlenswerte Links weiter, 36% schauen sich im Netzwerk Videos an.[103]

Eine besondere Qualität des Social Web sind die Möglichkeiten, eigene Inhalte zu produzieren und zu veröffentlichen und dadurch vom Konsumenten zum Prosumer zu werden, d.h. zu jemandem, der die ins Netz gestellten Inhalte mitproduziert. Besonders unter den 14 bis 19-Jährigen, also den „Digital Natives" sind viele daran interessiert: 43% sind sehr oder etwas interessiert daran, eigene Inhalte ins Netz zu stellen. Bei der Gesamtheit aller Nutzer sind es noch 29% die dafür Interesse zeigen, während 71% wenig oder gar nicht interessiert sind.

Es zeigt sich zwar, dass eine Entwicklung vom Konsumenten zum Prosumer, vor allem in der jüngeren Altersklasse, derzeit durchaus stattfindet, und dass aufgrund der neuen technischen Möglichkeiten das Mitgestalten von Inhalten für immerhin ein Drittel der Internetnutzer interessant ist. Allerdings bleibt es undeutlich, welcher Art die selbst ins Netz gestellten Inhalte sind, ob also das Veröffentlichen privater Fotos

---

[101] Der Mittelwert zwischen der höchsten und der niedrigsten Anzahl.
[102] Vgl. Bitcom, 2011
[103] Vgl. Busemann/Gscheidle, 2011

auch darunter fällt, was nur schwer als Entwicklungsschritt zum Prosumer gedeutet werden könnte.[104]

Von den verschiedenen Social Web Anwendungen wird mit 70% Wikipedia am Meisten genutzt, 58% nutzen Videoportale wie Youtube, danach folgen die privaten Communities mit 42%, mit großem Abstand folgen Fotocommunities(18%), berufliche Netzwerke(6%), Weblogs(7%) und Twitter(3%).[105]

Die weitaus am meisten genutzte Community in Deutschland ist Facebook. Etwa drei Viertel aller Community-Nutzer bevorzugen Facebook als soziales Netzwerk, daneben werden von jeweils ca. 20% noch Wer-kennt-wen? und StudiVZ genutzt.[106] Facebook hatte in Deutschland Mitte 2011 etwa 20 Millionen Nutzer, das sind ca. 24% der Bevölkerung.[107] Im Vergleich zu den Zahlen in den USA (48%) und GB (47%) ist diese Zahl noch niedrig[108]. Aber der Trend geht weiter in die Richtung, sich für ein einziges Netzwerk zu entscheiden und dies für alle Zwecke, beruflich und privat, für das Chatten, als Fotosharingplattform und zunehmend auch als Suchmaschine zu nutzen. Da bietet Facebook bisher noch die besten technischen Möglichkeiten, wird jedoch schon vom Konkurrenten Google mit dem Netzwerk Google+ herausgefordert.

Daneben werden in geringerem Maße berufliche Netzwerke genutzt wie Xing und LinkedIn. Ihre Mitglieder nutzen Sie zur Auftragsvergabe und Akquise, zur Personalsuche und −akquise und um Informationen auszutauschen. Manche dieser Netzwerke verlangen für die ausgeweiteten Serviceangebote der Premiummitgliedschaft einen monatlichen Mitgliedsbeitrag. LinkedIn ist im englischsprachigen Raum sehr beliebt, in Deutschland hat sich eher Xing durchgesetzt.

Berufliche Netzwerke verlieren jedoch an Nutzern, so ist die Zahl der einmal wöchentlich aktiven Nutzer beruflicher Netzwerke laut ADR/ZDF Studie von 2011 von 5% auf 3% gesunken.[109] Auch hier zeigt sich der Trend alle Aktivitäten in einem Netzwerk zu bündeln. Mit den bei Facebook verbesserten Möglichkeiten der Organisation der Kontakte in Untergruppen, von denen jede Gruppe nur die vom Nutzer definierten

---

[104] Vgl. Busemann/Gscheidle, 2011
[105] Vgl. Busemann/Gscheidle, 2011
[106] Vgl. Busemann/Gscheidle, 2011
[107] Vgl. Allfacebook, 2011a
[108] Vgl. Allfacebook, 2011c
[109] Vgl. Eimeren /Frees, 2011

Inhalte zu sehen bekommt, man also auch berufliches und privates Netzwerk trennen kann, ist dies auch besser möglich.

3.4.3 Motivation und sozialer Hintergrund der Nutzer

Kritische Stimmen äußern häufig die Befürchtung, dass die sich stark entwickelnden Aktivitäten in sozialen Netzwerken zu Isolation, Vereinsamung und zu irrealen Kontakten der Nutzer ohne soziale Relevanz führen. Verschiedene Untersuchungen zeigen jedoch, dass dies so nicht zutrifft.[110]

Allerdings schaffen Netzwerke in den seltensten Fällen neue „Freunde", sondern bilden die schon im realen Leben geknüpften Kontakte ab. Kneidinger, die das Nutzerverhalten von Mitgliedern sozialer Netzwerke im Internet untersuchte, beschreibt, dass extrovertierte Menschen sowohl real als auch in virtuellen Netzwerken mehr Freundeskontakte haben als Introvertierte. Auch zeigt sich, dass bei Nutzern in ländlichen Gebieten die Anzahl der Kontakte höher ist als in städtischen Gebieten, soziale Netzwerke also genutzt werden, um die auf dem Land durch größere Entfernungen schwierigeren Bedingungen für Kontaktpflege zu verbessern. Kneidingers Studie ergab weiterhin, dass Nutzer mit höherem Einkommen und höherer Bildung, Verheiratete, in großen Haushalten Lebende und Menschen mit vielen Geschwistern über mehr Kontakte verfügten.[111]

Die Pflege der Sozialkontakte in Netzwerken ersetzt nicht reale Beziehungen, sondern ergänzt sie eher. Es ermöglicht vor allem, die schwachen Bindungen einfacher aufrecht zu erhalten bzw. Bindungen auch über weitere räumliche Entfernungen leichter zu pflegen. Eine der typischen Erfahrungen beim Eintritt in ein soziales Netzwerk wie Facebook ist das „Wiederfinder" von alten Kontakten wie Schulfreunden etc .[112]

Ebersbach nennt als die in ihrer Studie am häufigsten genannten Motive für die Aktivität in sozialen Netzwerken:

- Erhalten von Informationen und Austausch von Erfahrungen
- Erlangung von Sozialkapital

---

[110] Vgl. Kneidinger, 2010, S. 43; Vgl. Döring, 2003, S. 478-487
[111] Vgl. Kneidinger, 2010, S.22-23
[112] Vgl. Ebersbach, 2008, S.184; Vgl. Krauss, 2008, S. 329

- Anerkennung aufgrund eigener Beiträge
- Finden von Gesprächspartnern und Gleichgesinnten
- Möglichkeit, seine Meinung zu sagen, politisches Engagement
- Selbstdarstellung
- Spielen, Unterhaltung, spielend lernen[113]

Kneidinger stellt in ihrer Studie fest, dass die sozialen Motive wie der Austausch sozialer Information und Kontaktpflege sowie der Aspekt der Unterhaltung und des Spiels im Vergleich zum Motiv der Suche nach allgemeiner Information in ihrer Bedeutung als deutlich wichtiger benannt wurden.[114] Dies kann seine Ursache jedoch auch darin haben, dass die Funktionen für das Suchen von Informationen zum Beispiel bei Facebook erst 2011 deutlich verbessert wurden.

Zusammengefasst kann man sagen, Soziale Netzwerke im Internet dienen als

- Mittel der Selbstdarstellung
- Mittel der Kommunikation
- Mittel der Information
- Mittel der Wertschöpfung durch Vernetzung
- Mittel der Unterhaltung[115]

Besonders die Möglichkeit der Unterhaltung durch Spiele oder spielerische Aktivitäten ist für die Nutzer von sozialen Netzwerken eine starke Motivation.

Spiele wecken Neugierde, dadurch dass sie Spannung und Entspannung, Abwechslung und Unterhaltung bieten. Sie fesseln ihre Nutzer durch kurze Unterbrechungen und Ablenkungen und können zu süchtigen Verhaltensweisen und zum völligen Eintauchen in komplexe virtuelle Welten führen, wie beim Spiel „World of Warcraft". Auf diese Art und Weise führen sie dazu, dass sich der Nutzer immer wieder auf die entsprechende Seite begibt: sie generieren „Traffic" und halten das Interesse aufrecht, eine der Grundvoraussetzungen für den Erfolg einer Seite.

Dieterich beschreibt in seiner Diplomarbeit soziale Netzwerke sogar in ihrer Gesamtheit als Spielsystem, gekennzeichnet durch die Erschaffung einer Identität(wie bei

---

[113] Vgl. Ebersbach, 2008, 181-184 u. S.203; Vgl. Eimeren/Frees, 2011
[114] Vgl. Kneidinger,2010, S.92-97
[115] Vgl. Dieterich, 2008, S. 7-11

einer Spielfigur) im zu erstellenden Profil sowie durch das spielerische „Sammeln" , Ordnen und Präsentieren von „Freunden" oder Vorlieben und Empfehlungen oder das „Tauschen" von Aufmerksamkeit in Form von Kommentaren, Bildern, Informationen und Musik.[116] Ebenso wie ein Spiel unterhält die Seite des sozialen Netzwerks Facebook beispielsweise durch die im „Newsstream" immer wieder aktualisierten Neuigkeiten und sorgt damit, ähnlich wie Spiele, für Abwechslung und den Reiz der schnell wechselnden Information.[117]

Kennzeichnend für soziale Netzwerke im Internet sind zudem die weitgehend enthierarchisierten Kontaktmöglichkeiten, die sie bieten. Diese Möglichkeit der Kommunikation in einem breit gestreuten, hierarchiearmen Netzwerk ist sicherlich eine zusätzliche Motivation für ihre Nutzung als Medium der gesellschaftlichen Kommunikation.[118]

3.4.4 Kurze Geschichte der ersten Netzwerke im Internet

Das erste Soziale Netzwerk im Internet, das der genannten Definition von boyd/Ellison entsprach, entstand 1997 und zwar das Netzwerk SixDegrees.com. Netzwerke wie Classmates.com oder die AIM buddy list von AOL und andere existierten zwar schon früher, boten jedoch nicht alle drei Möglichkeiten, die boyd/Ellison als Merkmale von Netzwerken benennen(Profilerstellung, Erstellen einer Freundesliste und Sichtbarmachung der Kontakte). SixDegrees.com wurde jedoch schon im Jahr 2000 wieder eingestellt. Es fehlte noch an technischen Möglichkeiten, die über das Auflisten der Freunde hinausgingen und dadurch das Netzwerk sinnvoll machen konnten. In den Jahren danach entstanden mehrere kleine Netzwerke wie MiGente, Ryse, LiveJournal mit sich weiter entwickelnden technischen Möglichkeiten. Das 2002 startende Netzwerk Friendster bot schon sehr weitreichende technische Möglichkeiten und erreichte innerhalb eines Jahres 300.000 Mitglieder. Aufgrund des immer weiter wachsenden Mitgliederansturms brachen jedoch die technischen Systeme zusammen und die Seite konnte zeitweise nicht mehr oder nur mit langen Wartezeiten abgerufen werden, wodurch viele Nutzer zu anderen Diensten abwanderten. Zwar konnten die techni-

---

[116] Vgl. Dieterich, 2008, Abschnitt 4
[117] Vgl. Ebersbach, S.204
[118] Vgl. Ebersbach, 2008, S.202 ; Vgl. Pfeiffer, 2011

schen Probleme nach einiger Zeit gelöst werden, die Nutzer waren aber verloren. Allerdings erlangte Friendster später im asiatischen Raum erneut große Popularität, inzwischen sind 90% der ca. 100 Millionen Nutzer in asiatischen Ländern beheimatet.[119]

In den Jahren 2003 bis 2005 entstanden dann innerhalb kürzester Zeit zahllose weitere Netzwerke: MySpace, das zunächst vorwiegend als music-sharing Plattform konzipiert war und noch bis 2008 führend was die Nutzerzahlen anging, LinkedIn und Xing als berufliche Netzwerke, Dogster, Bebo, Facebook , Youtube, Flickr - um nur einige zu nennen.[120]

Da Facebook inzwischen in Deutschland das am häufigsten genutzte Soziale Netzwerk ist (nach StudiVZ) werde ich mich im weiteren Verlauf dieser Arbeit zu den Möglichkeiten des Marketings mithilfe solcher Netzwerke auf Facebook beziehen.

---

[119] Vgl. boyd/Ellison, 2007, S.264-267
[120] Vgl. boyd/Ellison, 2007, S.264-267; Vgl. Göring, 2011, S. 46ff

4 Facebook

Facebooks Nutzerzahlen wachsen immer weiter. Laut Angaben von Facebook Gründer Mark Zuckerberg hatte das Netzwerk im Juli 2011 750 Millionen und im September 2011 800 Millionen aktive Nutzer[121], das heißt Nutzer, die mindestens einmal monatlich das Netzwerk besuchen. Die Zahlen differieren jedoch. So nennen andere Quellen wie der Dienst „Inside Facebook" Nutzerzahl von 687 Millionen im Juli 2011[122]. Aber, selbst wenn diese Zahl wenig überprüfbar ist und Mehrfachprofile einer Person dabei nicht herausgerechnet werden, ist Facebook wohl derzeit das weltweit größte soziale Netzwerk im Internet. Und dies ist es innerhalb kürzester Zeit geworden: seit dem Start der ersten Form von Facebook, Facemash, sind erst acht Jahre vergangen.

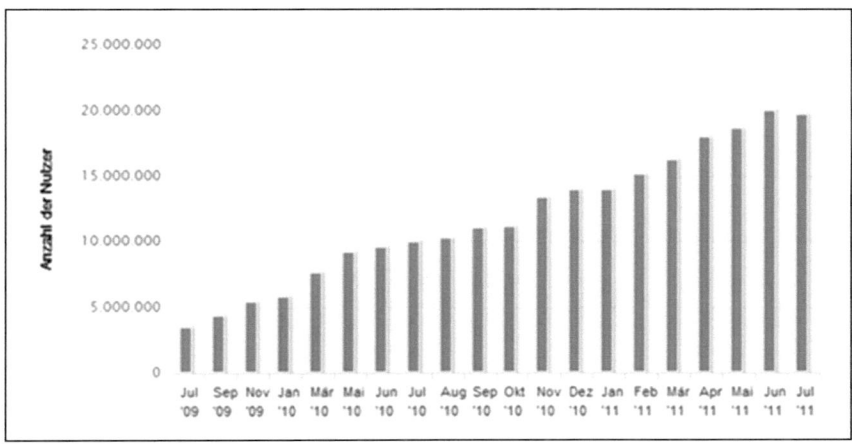

Abb. 6: Anzahl der aktiven Nutzer von Facebook in Deutschland (Juli 2009 bis Juli 2011)
Quelle: allfacebook, 2011, nach Zahlen von Facebook Ads

Doch der Hype des letzten Jahres hat etwas nachgelassen: in den letzten Monaten sind die Zuwachsraten im Vergleich zum rasanten Wachstum in den Jahren 2009/2010 deutlich geringer und die Nutzerzahlen in einigen Ländern wie USA, Kanada und Großbritannien sind sogar leicht gesunken. Dazu beigetragen haben sicher die Diskus-

---

[121] Vgl. Allfacebook , 2011a
[122] Vgl. Inside Facebook, 2011

sionen um die Datensicherheit in diesem und im vergangenen Jahr .[123] In Deutschland liegen die Nutzerzahlen inzwischen bei etwa 20 Millionen.

Weltweit ist das Netzwerk in 70 Sprachen übersetzt und bietet eine ständig wachsende Anzahl von Möglichkeiten der Nutzung.

Facebook ist inhaltlich nicht spezialisiert. Die Registrierung und alle Facebook-Anwendungen sind kostenlos, anders als bei den beruflichen Netzwerken Xing und LinkedIn, die bestimmte Dienste nur gegen Entgelt anbieten als sogenannte Premiummitgliedschaft.

4.1 Geschichte der Entwicklung von Facebook

Im September 2003 programmierte der damals 19jährige Mark Zuckerberg als Student an der Harvard University „Facemash", ein Programm, das es ermöglichte, universitätsintern über das Sexappeal von Studentinnen abzustimmen und das sofort einen großen Erfolg hatte, wenn auch die Seite als von einigen als sexistisch und rassistisch verurteilt wurde. Im Januar 2004 ließ Zuckerberg die Web-Domain Thefacebook.com registrieren, über die sich Studenten der Harvard-University untereinander vernetzen können, im Laufe des Jahres wurde der Zugang zum Netzwerk auch für Studenten anderer Universitäten geöffnet. Die Nutzerzahl wuchs in diesem Jahr schon auf eine Million. 2005 wurde das „The" aus dem Namen gestrichen und es gab erste Kauf- und Teilhaberangebote an Zuckerberg. Facebook war ab diesem Zeitpunkt auch offen für Highschools, die Nutzerzahl betrug im Dezember bereits 5,5 Millionen. Erst seit 2006 ist die Registrierung für jeden offen. Im selben Jahr führte Zuckerberg die neue Funktion „News Stream" ein, die einerseits aufgrund des mangelnden Datenschutzes heftig kritisiert wurde, andererseits stiegen die Nutzerzahlen, nach einer Modifizierung der Möglichkeiten für die Privatsphäreeinstellungen durch die Facebook-Betreiber, nochmals massiv auf 12 Millionen Nutzer an.

Seit 2007 können externe Personen Apps, d.h. Zusatzprogramme für Facebook entwickeln. Dies war ein großer Coup für die Popularität von Facebook, denn damit gelang es, das kreative Potential der Entwickler in der Internetgemeinde (manchmal unter-

---

[123] Vgl. Inside Facebook, 2011; Vgl. Allfacebook, 2011b; Vgl. Thurm, 2011

stützt von Investoren) zu integrieren und für die Weiterentwicklung von Facebook zu nutzen.[124] Seither wachsen die Nutzerzahlen von Facebook explosionsartig: im August 2008 wurde die 100 Millionen Grenze überschritten und die deutsche Version eingeführt, im Juli 2009 waren es schon 250 Millionen Nutzer, im Juli 2010 500 Millionen, inzwischen meldet Facebook 800 Millionen aktive Nutzer. Ebenfalls 2010 wurde die erste Dependance von Facebook in Hamburg eröffnet.[125]

Im Laufe der Jahre wurde eine Vielfalt neuer technischer Möglichkeiten entwickelt und mehrfach die Grundeinstellungen bezüglich des Einblicks in die privaten Daten geändert, was jedes Mal zu heftigen Protesten führte, wie schon bei der Einführung des Newsstream. Mit dem „Newsstream" bekommt jeder Nutzer automatisch die neuesten Meldungen und Veränderungen im Profil eines Freundes übermittelt. Tausende Nutzer formierten sich bei der Einführung zu einer Facebookgruppe und forderten die Rücknahme der Anwendung, was jedoch nicht passierte. Die Einführung von Facebook Beacon, mit dem über den Newsstream jeder Nutzer über die Interneteinkäufe seiner Freunde informiert wurde, musste nach zahllosen Protesten jedoch im September zurückgenommen werden, während der 2009 eingeführte „Like" oder „Gefällt mir"-Button trotz Widerstandes beibehalten wurde. Der schleichende Abbau des Schutzes der privaten Daten vor dem Einblick Außenstehender wurde vielfach nicht oder nur von wenigen wahrgenommen, führte bei diesen jedoch ebenfalls zu öffentlichem Protest.[126]

Obwohl das Unternehmen Facebook nach Angaben von Zuckerberg selbst erst seit 2009 schwarze Zahlen schreibt, wird es als millionenschwer gehandelt und viele Firmen und Personen haben sich inzwischen als Teilhaber eingekauft. Der Verkauf von 1,6% der Anteile an Microsoft sorgte 2007 für nicht geringen Aufruhr, da Microsoft dafür 240 Millionen Dollar bezahlte. Im November 2011 kündigte Zuckerberg den Börsengang seines Unternehmens für April 2012 an.

Viele Mitglieder von Facebook nutzen das Netzwerk inzwischen auch mobil. Durch die neuen Möglichkeiten von Smartphones und Apps für alle sozialen Netzwerke können

---

[124] Vgl. Palfrey/Gasser, 2008, S.275-277
[125] Vgl. Steinschaden, 2010, S.43/44; Vgl. Allfacebook, 2011b
[126] Vgl. Göring, 2011, S.47-69

jederzeit und überall Nachrichten aus dem persönlichen Netzwerk versandt und empfangen werden.

4.2 Wie funktioniert Facebook?

Egal ob Unternehmen oder Privatperson, wer Mitglied bei Facebook werden will, kann dies kostenlos tun, Einnahmen erhält Facebook ausschließlich durch Werbung. Privatpersonen erstellen ein sogenanntes „Profil" unter Angabe des Namens, des Alters und der E-Mail Adresse. Diesem Profil wird eine Liste der Profile von Personen des Netzwerks, die sich gegenseitig als „Freunde" akzeptiert haben, hinzugefügt. Im eigenen Profil können dann Nachrichten entweder an alle, an ausgewählte Personen oder an Einzelpersonen verschickt werden. Zudem kann gechattet oder über die Funktion Nachrichte eine Nachricht an eine einzelne Person verschickt werden. Für ein Unternehmen, eine Organisation oder Institution, eine Gemeinschaft und einen Künstler, selbst für eine Marke oder ein Produkt kann eine eigene Seite erstellt werden, die Privatpersonen mit „gefällt mir" anklicken können und so zum „Fan" werden. Die Anzahl der Fans wird dann, ohne Namensnennung, ebenfalls auf der Seite angezeigt. Unternehmen können noch keine persönlichen Nachrichten versenden (diese Funktion soll es bald geben), aber Informationen über den Newsstream versenden oder auf Veranstaltungen aufmerksam machen und die „Fans" dazu einladen. Im Newsstream können Nachrichten, Fotos, Videos und Links mitgeteilt und die von anderen versandten Nachrichten, Fotos, Videos und Links gesehen werden. Die Funktion Fragen ermöglicht es, kleine Umfragen zu erstellen und an Fans oder Freunde zu versanden. Jeder Nutzer kann die Mitteilungen im Newsstream kommentieren und mit dem „Gefällt mir"-Button allen anderen mitteilen, was einem von den empfangenen Nachrichten gefällt. Dies ist seit einiger Zeit auch auf facebook-externen Seiten möglich, die den „Gefällt mir"-Button integriert haben und bei Anklicken dies automatisch an die Facebook-Seite des Nutzers weiterleiten. Mit Facebook Connect wird auf Websites, die diese Funktion integriert haben, automatisch angezeigt, welchen eigenen Facebook- Freunden diese Seite auch „gefällt".

Die Möglichkeit über den Geo-Localisierungsdienst Facebook Places anzuzeigen, wo ich mich gerade befinde, zum Beispiel auch in welchem Geschäft, welcher Veranstaltung oder welchem Restaurant, wurde im Sommer 2011 aufgrund der starken Konkurrenz des Dienstes Foursquare, wieder weitgehend eingestellt.

Facebook hat jetzt auch in die eigene Suchfunktion nach Facebook-Seiten die Suchergebnisse von externen Websites eingefügt, die im Anschluss an die facebook-internen Ergebnisse angezeigt werden. Sollte diese Funktion weiter entwickelt werden, bräuchte man keine externe Suchmaschine mehr, was voraussichtlich die Vormachtstellung von Facebook noch stärker manifestieren würde.

Seit einigen Monaten wird sukzessive bei allen Nutzern der E-Mail-Dienst @facebook.com ins Profil integriert, der es ermöglicht auch an externe E-Mail-Adressen Nachrichten zu verschicken, wodurch andere E-Mail-Dienste ersetzt werden könnten.

Weitere technische Möglichkeiten sind in diesem Jahr hinzugekommen, wie die kostenlose Abfrage von Facebook bei e-plus und die Möglichkeit der Videokonferenz mit Freunden durch eine Kooperation mit Skype.

Im Januar 2012 gab Mark Zuckerberg bekannt, dass nun bei jedem Nutzer die sogenannte „Timeline" installiert werde, ein neues Layout der Seite, bei dem alle Aktionen des Nutzers auf seiner Seite chronologisch geordnet dargestellt werden.

4.3 Wer nutzt Facebook?

Im Juli 2011 waren in Deutschland ca. 20 Millionen Nutzer bei Facebook registriert, das entspricht etwa 25% der Bevölkerung[127]. Das Geschlechterverhältnis ist dabei mit jeweils um die 49% in etwa ausgeglicher[128]. Einige Nutzer geben kein Geschlecht an. Die am stärksten vertretene Altersgruppe ist die der 18 bis 24-Jährigen und der 25 bis 34-Jährigen mit jeweils 27%, danach folgen die 13 bis 17-Jährigen mit 17%, die 35 bis 44-Jährigen mit 15%. Aber auch in der Altersgruppe der 45 bis 54-Jährigen (9%) und der über 55 bis 64-Jährigen und über 65-Jährigen finden sich bereits viele Nutzer (3%

---

[127] Vgl. Allfacebook, 2011
[128] Vgl. Digitalaffairs, 2010

und 2%, in Zahlen: ca. 60000 und 40000).[129] Besonders bei den älteren Nutzern ab 30 wachsen zurzeit die Zahlen am stärksten, so dass anzunehmen ist, dass sich deren Anteil an den Nutzerzahlen noch erhöhen wird.[130]

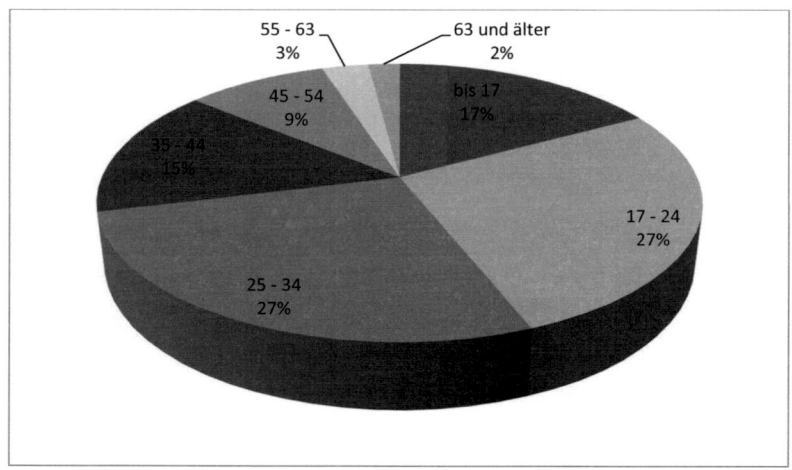

Abb. 7: Altersverteilung bei Facebook im Dezember 2011
Die Zahlen basieren auf dem Anzeigentool von Facebook selbst und beziehen sich auf aktive Nutzer (Unique) in den letzten 30 Tagen.
Quelle: http://www.futurebiz.de/artikel/facebook-nutzerzahlen-dezember-2011/

Weitere Zahlen über den durchschnittlichen Facebook-Nutzer sind als nicht sehr aussagekräftig zu werten, denn nur 10-11% verraten Schulabschluss, nur 57% geben den Familienstand an. Die Genauigkeit der Zahlen leidet auch darunter, dass es wohl eine nicht geringe Anzahl von Profilen gibt, in denen falsche Daten angegeben werden. Manche Nutzer legen sogenannte Fake-Accounts an oder Zweitprofile, manche geben ein falsches Alter an, um überhaupt ein Profil zu kriegen, denn dies ist erst ab 13 Jahren erlaubt.

---

[129] Vgl. Futurebiz, 2011
[130] Vgl. Bitkom, 2012

4.4 Facebook als Marketingunternehmen

„Verabschieden Sie sich zumindest für dieses Kapitel von der Vorstellung, Facebook sei ein Freundesnetzwerk, und sehen Sie die Webseite stattdessen als riesige Marketing-Maschine, die alle möglichen Daten über Menschen – vom Geburtstag bis zum Lieblingsgetränk – in sich aufsaugt." [131]

Facebook ist für Nutzer bisher kostenlos. Es finanziert sich, allerdings auch erst seit zwei Jahren gewinnbringend, aus Werbeeinnahmen. Jeder Nutzer muss die Zustimmung zur Weitergabe seiner Daten an Dritte, wie zum Beispiel an Unternehmen für Werbezwecke, geben. Es wird auch vermutet, dass Facebook die erhobenen Daten auch für andere Zwecke an Dritte weiterverkauft, zum Beispiel um Prognosen über gesellschaftliche oder gesundheitliche Entwicklungen zu erstellen. [132] Das eigentliche Produkt ist also nicht das soziale Netzwerk , sondern es sind die von dessen Mitgliedern selbst gesammelten Daten, mit dem Facebook arbeitet: „Es gilt der Grundsatz: Wenn dir ein Produkt gratis angeboten wird, dann bist du als Kunde in der Regel selbst das Produkt." [133]

Während wir bei anderen Formen personalisierter Werbung aktiv kontaktiert und befragt werden, wie bei Telefonwerbung und –befragung oder Kassenbefragungen von Marktforschungsunternehmen, geben wir bei Facebook diese Daten freiwillig und selbstständig ein.

Unternehmen können diese Daten für Werbezwecke nutzen. So bietet Facebook die Möglichkeit sogenannte Bannerwerbung auf den einzelnen Profilen zu machen. Mit einen 25 Zeichen Slogan, einem Bild, 135 Zeichen Text und der Verknüpfung mit einer URL-Adresse kann man eine kleine Werbefläche gestalten, die dann in den persönlichen Profilen von Nutzern gezeigt wird.

Die Zielgruppe, in deren Profil der Banner erscheint, kann nach verschiedenen Kriterien eingegrenzt werden: Land, Alter, Geschlecht, sexuelle Orientierung, Beziehungsstatur, Sprache, Interessen, Ausbildungsstatus, Arbeitsplatz. Facebook errechnet dann die

---

[131] Vgl. Steinschaden, 2010, S.125
[132] Vgl. Steinschaden, 2011, www.phämonenfacebook.com
[133] Firlus, 2011, S.2

Anzahl der Nutzer, auf die diese Eingrenzung zutrifft und die mit dieser Werbung erreicht würden. Die Form der so personalisierten Werbung nennt sich Targeting. Besonders über die Eingrenzung „Interessen" findet man schnell seine Zielgruppe, denn auch jedes Klicken auf den „Gefällt mir"-Button wird dabei als Information verarbeitet, als sogenanntes Behavioral Targeting.[134]

Die Bezahlung kann nach zwei Möglichkeiten erfolgen:

-entweder ein Betrag pro tausend Mal eingeblendeter Werbung (Cost per Mille)

-oder ein Betrag pro angeklicktem Werbebanner, d.h. wenn die Werbung auch tatsächlich angesehen wurde (Cost per Click).

Dabei ist die Verweildauer auf der beworbenen Webseite zwar hoch, aber die Klickrate sehr niedrig, sie beträgt nur 0,05%. Deshalb ist die Effektivität dieser zwar personalisierten, aber doch klassischen Form der Werbung sehr umstritten. Fachleute sprechen inzwischen von der sogenannten „Bannerblindheit", d.h. die Nutzer nehmen die eingeblendete Werbung gar nicht mehr wahr. Während man bei klassischer nicht personalisierter Werbung noch von einem Anteil von etwa 20% ausgeht, der eine Wirkung beim Betrachter hinterlässt, sind es bei persönlicher Werbung nur noch geschätzte 3%.[135]

Untersuchungen zeigen zudem, dass die Konsumenten sehr ambivalent sind, was die personalisierte Werbung und Weitergabe persönlicher Empfehlungen angeht. Zwar werden personalisierte Produktempfehlungen von einem Drittel der Konsumenten und personalisierte Werbung immerhin noch von 13% positiv wahrgenommen. Jeder zweite lehnt personalisierte Werbung und jeder vierte persönliche Produktempfehlungen jedoch ab.

---

[134] Vgl. Steinschaden, 2010, S.127
[135] Vgl. Luthe, 1995, S.32

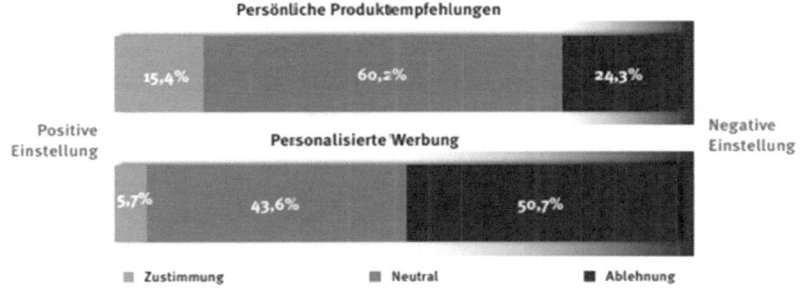

Abb. 8: Einstellung der Kunden zu persönlichen Produktempfehlungen und personalisierter
Werbung
Quelle: WWW-Benutzer-Analyse W3B, Herbst 2009; in: Fittkau&Maas, 2010

Grund dafür sind vor allem Bedenken wegen des Schutzes der persönlichen Daten und
zwar bei mehr als 50% der Befragten und vor allem bei Älteren.[136] Gerade die Diskussionen der letzten Monate über den mangelnden Datenschutz bei Facebook dürfte die
kritische Haltung noch verstärkt haben.

Deshalb versuchen viele Firmen, die bei Facebook werben, mit anderen Methoden und
Formen der Werbung die Aufmerksamkeit des Facebook-Mitgliedes auf sich zu lenken,
beispielsweise durch die Integration von kleinen Programmen, sogenannten Applikationen oder „Apps". Diese Apps werden auf der „Facebook Platform" erstellt, die es
externen Entwicklern erlaubt, eigene Programme für Facebook zu erstellen. Laut
Facebook sind hier mehr als eine Million Programmierer und darauf spezialisierte
Firmen aktiv. Diese entwickeln Apps wie etwa „Causes", ein Dienst, der hilft, Spenden
unter Nutzern zu sammeln.

Meist werden jedoch Spiele entwickelt. Sie sind einfach zu integrieren, kostenlos und
treffen das Unterhaltungsbedürfnis des durchschnittlichen Facebook-Nutzers. Firmen
nutzen sie deshalb gern als Mittel zur Kundenbindung im Marketing[137], manchmal in
Kooperation mit Firmen wie AppGoGo, die dann vom Nutzer die Erlaubnis erbitten, E-

---

[136] Vgl. Fittkau&Maas, 2010
[137] Vgl. Steinschaden, 2010, S.28/29

Mails an seine Adresse schicken zu dürfen, um über Neuigkeiten beim Spiel informiert zu werden, E-Mails, in die dann Werbung integriert ist.[138]

Der Open Graph bietet verschiedene Möglichkeiten für Firmen und Unternehmen, über Kundenempfehlungen auf sich aufmerksam zu machen.

- man kann über den, auch auf einer externen Website integrierten „Gefällt mir"-Button seine Vorliebe bei Facebook kundtun oder

- sich durch den Dienst Facebook Connect mit den Login-Daten von Facebook bei anderen Diensten im Netz anmelden, ohne dort ein eigenes Profil zu erstellen oder

- über die bei Facebook Connect integrierte „Comments" - Funktion einen Kommentar auf der Website eines Unternehmens als Statusmeldung an seine Freunde bei Facebook abschicken.

Die bereits als „Fan" registrierten Freunde werden dem Nutzer bei einer über Facebook Connect verbundenen Seite dort direkt angezeigt, was die Vertrauenswürdigkeit dieser Seite erhöhen soll. Diese Möglichkeiten finden bei den Unternehmen größtes Interesse, in kürzester Zeit wurde der „Gefällt-mir"-Button auf Tausenden von Organisations- und Unternehmensseiten integriert.[139] Selbst auf vielen Geräten wie Smartphones ist Facebook vorinstalliert oder kann als App heruntergeladen werden und auf dem Kindle von Amazon gibt es schon die Möglichkeit, Passagen des gelesenen Buches auf Facebook zu veröffentlichen.

Manche Firmen erstellen eigene Produkt- oder Markenseiten bei Facebook. Das A und O einer solchen Seite ist, dass sie für den Nutzer eine hohe Anziehungskraft hat und somit genügend Motivation zum Seitenbesuch erzeugt, das kann durch aktuelle, exklusive und sinnvolle Information gelingen oder aber auch gezielte, unterhaltsame Kampagnen mit den Mitteln des Viral Marketing. Ein gelungenes Beispiel für eine Viral Marketing Kampagne, die Unterhaltung und Werbung perfekt verband, war die Seite des Orang Utan Weibchens Nonja, die von Samsung und dem Tiergarten Schönbrunn erstellt wurde. Nonja erhielt eine Samsung Kamera und jedes Bild, das sie machte, wurde sofort hochgeladen. Samsung wollte damit die einfachen Bedienungsmöglich-

---

[138] Vgl. Steinschaden, 2010, S.31
[139] Vgl. Steinschaden, 2010, S.31-34

keiten der Kamera zeigen. Innerhalb kürzester Zeit hatte Nonjas Seite 80000 Fans und sowohl Samsung als auch der Tiergarten Schönbrunn erreichten damit viel Aufmerksamkeit.[140]

4.5 Facebook und Datenschutz

Im Laufe der Jahre seit dem Entstehen von Facebook bis heute wurden die Möglichkeiten, in der anfänglichen durch Facebook vorgegebenen Grundeinstellung des Profils private Informationen einzusehen, beständig erweitert. Waren 2005 zunächst nur Name, Geschlecht, Foto und Schule/Studium/Arbeitgeber für alle Facebook-Nutzer sichtbar und keinerlei Daten für Nicht-Facebook-Nutzer, so sind seit 2010 schon Name, Geschlecht, Foto, Vorlieben, Freunde, Schule/Universität/Arbeitgeber und alle Fotos durch die Grundeinstellung für alle facebook-externen Internetnutzer sichtbar, sofern der Nutzer die Einstellungen nicht selbst einschränkt.[141] Facebooks Gründer Zuckerberg selbst geht, trotz aller Kritik daran, in die Gegenoffensive. Bei der Verleihung des „crunchie award" im Januar 2010 verkündete er die sinkende Bedeutung der sozialen Norm „Privatheit":

"People have really gotten comfortable not only sharing more information and different kinds, but more openly and with more people. That social norm is just something that has evolved over time."[142]

Ob dies tatsächlich der Fall ist, ist zweifelhaft. Wahrscheinlicher scheint, dass die Nutzer oft nicht wissen, was alles sichtbar ist und die Anpassung der Einstellung schlicht vergessen. Verbraucherschutzorganisationen, wie die Verbraucherzentrale, fordern deshalb die gesetzliche Verpflichtung zur datenschutzfreundlichen Einstellung aller Geräte bei Auslieferung (Privacy-by-Default).

Zudem weisen Datenschützer darauf hin, dass durch den Verbleib sogenannter Tracking-Cookies, kleiner Textdateien, auf der Festplatte nach dem Besuch vieler Unternehmensseiten das Surfverhalten des Nutzers gespeichert und später durch das

---

[140] Vgl. Steinschaden, 2010, S.130
[141] Vgl. McKeon, 2010
[142] Zitat in: Johnson, 2011

Unternehmen genutzt werden kann, um beispielsweise personalisierte Werbung genauer zu erstellen. Jedes Anklicken des „Gefällt mir"-Buttons hinterlässt beispielsweise einen solchen Cookie auf der Festplatte des Computers. Und selbst wenn der „Gefällt mir" Button nicht angeklickt wird, übermittelt er die Daten über den Besuch der Seite von dieser bestimmten IP-Adresse aus an Facebook.

Ebenso bedenklich ist die Übermittlung standortbezogener Geodaten des Nutzers von Smartphones etc. an Betreiber bestimmter standortbezogener Serviceangebote, wie die Übermittlung der Restaurants im Umkreis. Verbraucherschützer warnen, dass damit ein bis in Details genaues Profil einer Person erstellt werden kann. Durch Daten wie z.B. Arztbesuche, Demoteilnahme, Bar- und Restaurantbesuche, Kirchenbesuche kann ein sehr detailliertes Bild über Gesundheitszustand, politische, religiöse und sexuelle Vorlieben gewonnen werden.[143]

Den meisten Nutzern wird dies erst nach und nach deutlich. So hat die Veröffentlichung des ARD-Magazins „Monitor" am 6.10.2011[144] über die Speicherung der Daten durch Facebook einiges an Aufsehen verursacht. Ob dies, außer Ministerin Aigner, die dies ankündigte, noch mehr Nutzer ihre Seite löschen lässt oder vom Besuch der Facebook-Seite abhält bzw. sie mehr Datenschutz fordern lässt, bleibt aber zu bezweifeln. Durch das intime Setting des Abrufens einer Facebook-Seite allein zuhause vor dem Computer und die persönlichen Neuigkeiten im Newsstream entsteht der Eindruck eines relativ geschützten und geschlossenen Kontaktnetzwerks.[145] Nur wenigen ist bewusst, dass es bei 130 Freunden schon 16900 Freunde von Freunden sind, die Einblick in all meine persönlichen Daten haben, wenn ich meine Privatsphäre-Einstellungen nicht selber ändere. Und dass Millionen Anderer ebenso diese Daten im Internet lesen können, wenn sie mich über meinen Namen dort suchen. Und dass Facebook selbstverständlich Zugriff auf alle Daten hat.[146] Viele Nutzer sehen dies nicht als Problem, da angesichts der Menge an Daten das Gefühl vorherrscht: warum sollten die sich ausgerechnet meine Daten angucken? Auswertung von Daten unter autoritä-

---

[143] Vgl. Verbraucherzentrale, 2011
[144] Der Jura-Student Max Schrems forderte von Facebook seine dort gespeicherten Daten an und bekam daraufhin 1200 Seiten mit sämtlichen Kommunikationen mit seinen Freunden zugesandt. Selbst Daten, die er gelöscht hatte, waren weiterhin gespeichert worden. Vgl. Adamek/ Framke/ Schayani, 2011a
[145] Vgl. Palfrey, 2011, S.41.
[146] Vgl. Steinschaden, 2010, S.157-15; Vgl. Adamek, 2011, S. 57-112

ren Regimen ist für die meister Europäer etwas, was von ihrer aktuellen Erfahrungswelt weit entfernt zu liegen scheint.[147]

Bedenklich ist auch, dass über Funktionen wie das namentliche Markieren von Menschen auf Fotos oder das Importieren der E-Mail-Kontakte selbst persönliche Daten
und Bilder von Nichtmitgliedern in die Datensammlung von Facebook einfließen.[148]

Gesetzliche Regelungen gibt es derzeit wenig, bzw. nur ein Abkommen zwischen der
USA und der EU, dass erlaubt, dass die Daten unter Berücksichtigung des in der EU
geltenden Datenschutzes genutzt werden. Überprüft werden kann dies jedoch nicht.[149]
Zudem willigt jeder Facebook-Nutzer bei Erstellen des Facebook-Profils mit dem
Akzeptieren der AGB darin ein, dass Facebook die Datenschutzbestimmungen ändern
darf, ohne sich dies nochmals bestätigen zu lassen und auch die persönlichen Daten
und Informationen an andere Dienstleister weitergeben darf. Der Verkauf dieser Daten
aus wirtschaftlichen Gründen an andere Unternehmen oder auch staatliche Organisationen ist also durchaus möglich. Vielen Nutzern ist dies nicht bewusst.[150]

Seit dem 1.10.2011 ist die Verschlüsselung von Daten für Fanseiten von Unternehmen
und Apps Pflicht. Dies schließt zwar eine gewisse Sicherheitslücke bei der Datenüber-
tragung, jedoch nicht die Datenschutzprobleme in Bezug auf die Datensammlung von
Facebook selbst. Es müssten also dringend transnationale Lösungen in der Daten-
schutz- und Urheberrechtsgesetzgebung verhandelt werden.[151]

---

[147] Vgl. Palfrey, 2008, S.64
[148] Eine Aktion der Lehrer des evangelischen Gymnasiums Kleinmachnow, die alle SchülerVZ-Profile ihrer
Schüler, die sie öffentlich im Internet finden konnten, ausdruckten und in den Gängen der Schule
aushängten, führte zu großen Protesten seitens der Schüler, die ihre Daten plötzlich missbraucht
fühlten. Erst im Verlauf der Diskussionen wurde ihnen bewusst, dass diese Daten ja eigentlich nicht nur
innerhalb der Schule, sondern innerhalb der ganzen Welt „aushingen". Solcherart Medienerziehung
braucht es in Zukunft wohl vermehrt, um die Risiken der neuen Medien deutlich werden zu lassen.
[149] Vgl. Adamek, Franke, Schayani, 2011
[150] Vgl. Palfrey, 2008, S.67-71
[151] Vgl. Palfrey, 2008, S.101; Adamek, 2011, S.83-112

5 Facebook als Marketinginstrument im sozialen Bereich

Interaktivität und dialogorientierte Kommunikation, Multimedialität, zeit- und raum-unabhängige Kommunikation, stärkere Partizipation des Kunden durch Empfehlungen und Kommentarfunktionen - soziale Netzwerke im Internet scheinen eine Menge neuer Möglichkeiten zu bieten und die Form der Kommunikation mit dem Kunden zu verändern. Trotz aller Bedenken bezüglich des Datenschutzes und der momentan langsamer werdenden Wachstumsraten bei den Nutzerzahlen kann die weite und zunehmende Verbreitung des Netzwerks als Kommunikationsmittel in der Bevölkerung nicht einfach ignoriert werden und sollten die Argumente für einen Einsatz von Facebook geprüft werden:

Wenn Organisationen und Unternehmen der sozialen Arbeit mit ihren Kunden in Kontakt kommen wollen, müssen sie dies in den Kommunikationsräumen tun, in denen sich ihre Zielgruppe bewegt.

Wenn sie sich im Markt behaupten wollen, müssen sie sich auf den Marktplatz bege-ben und kreativ neue Möglichkeiten entwickeln.

Bei allem Nachdenken über Wettbewerb und Effizienz der sozialen Arbeit darf jedoch nicht vergessen werden, dass sie besonderen ethischen Ansprüchen genügen muss und gesellschaftspolitisch relevante Ziele hat. Eine der vordringlichsten Aufgaben der Sozialarbeit ist es, Kommunikationsräume für gesellschaftliche Entwicklungsprozesse zu entwickeln, zwischen den verschiederen Interessen zu vermitteln und Öffentlichkeit für soziale Probleme zu schaffen. Dazu gehört auch die Anregung des Diskurses zwischen Fachkräften, Politik und den Bürgern, sowie die Unterstützung und Vertre-tung benachteiligter Gruppen in diesem Diskurs.

Die neue Technik ermöglicht eine schnellere, individuellere und interaktiven Kommu-nikation mit dem Kunden. Dies könnte auch zu einer besseren Kundenbindung oder verbesserten Produktinnovation führen.

 Es könnten Möglichkeiten im Bereich der Vernetzung mit anderen Organisationen, Fachkräften und Dienstleistungsunternehmen und damit einer allgemeinen Service-verbesserung entstehen. Die Vernetzung von Fachkräften kann Fachdiskussionen anregen und Wissenspools schaffen. Nicht zuletzt könnte sich ein Nutzen bei der Personal- und Spendenakquise zeigen.

Die technisch einfache Handhabung von Facebook, die den ersten Einstieg auch dem technisch wenig Versierten ermöglicht, das übersichtliches Design, die zusätzlichen Möglichkeiten für die technisch Fortgeschritteneren ermöglichen vielen Menschen einen leichten Zugang zum Netzwerk.[152]

Zu berücksichtigen ist jedoch, dass nach wie vor Teile der Bevölkerung ausgeschlossen sind, die sich aus verschiedenen Gründen (noch) keinen Zugang zu diesem Medium erschließen können. Dazu gehören zum Teil genau die Teile der Bevölkerung, die eine Zielgruppe der Sozialarbeit darstellen. Alte Menschen, die einkommensschwachen und die bildungsferneren Bevölkerungsgruppen werden bisher über Facebook schlechter erreicht als die Jungen, gut Ausgebildeten und Einkommensstarken.

Es muss also genau analysiert werden, ob die Zielgruppe überhaupt über Facebook erreicht werden kann. Und nicht nur das: bei der Strategieentwicklung für den Einsatz von Facebook muss auch Überlegungen zur Verhinderung von Benachteiligung und Ermöglichung von Teilhabe Raum gegeben werden. Die Entwicklung von Medienkompetenz gehört schon in der Schule mit auf den Lehrplan, zusätzliche Schulungsangebote und das Angebot kostenfreier Internetzugänge sollten mit in die Strategieplanung einbezogen werden. Allerdings ist in den letzten Jahren in Deutschland ein deutliches Wachstum der Nutzerzahlen bei Frauen, Menschen ab 50 und auch bei den Nutzern mit niedrigerem Bildungsabschluss festzustellen und das Nachwachsen der Digital Natives in die Generation der Älteren wird dafür sorgen, dass der Umgang mit dieser Technik in spätestens zwanzig Jahren auch für viele Senioren zum normalen Alltag gehört.

Beim Einsatz sozialer Netzwerke müssen sich die Unternehmen auch der typischen Merkmalen sozialer Netzwerke bewusst sein. Kielholz nennt drei wichtige Voraussetzungen für ein erfolgreiches Onlinemarketing, die auch auf das Marketing in sozialen Netzwerken übertragen werden können und dort sogar verstärkt zutreffen:

---

[152] Vgl. Lewy, 2010, S.120

70

- Das Unternehmen muss sich der Transparenz des Internets bewusst sein. Man muss damit rechnen, dass Lügen und Geheimnisse hier besonders schnell an die Öffentlichkeit kommen und rasant im Netz verbreiten.
- Authentizität und Glaubwürdigkeit sind ein Merkmal von „Freundesnetzwerken". Die Nutzer wollen aktuelle, authentische Informationen und Geschichten.
- Dialogbereitschaft und Kritikfähigkeit sind notwendig um die Vorteile, die das Medium bietet auch nutzen zu können.[153]

Bei der Auseinandersetzung mit den Aufgaben und Bereichen der sozialen Arbeit lassen sich folgende Einsatzfelder von Facebook-Seiten identifizieren:

- Der Einsatz im Bereich der Werbung für das Unternehmen oder die Organisation, was neben der klassischen Präsentation auch die neue Möglichkeit des Empfehlungsmarketings beinhaltet;
- Der Einsatz für die Kundenbindung sowie das Beschwerdemanagement;
- Der Einsatz im Bereich der Informations- und Öffentlichkeitsarbeit;
- Der Einsatz der neuen, stärker dialogorientierten Möglichkeiten der Kommunikation, eventuell sogar im Bereich der Beratung, und der Möglichkeit der Partizipation der Kunden oder Klienten;
- Der Einsatz für die Kommunikation mit der Fachöffentlichkeit und die Vernetzung ;
- Der Einsatz für die Ressourcenbeschaffung in den Bereichen der Personalakquise, der Anwerbung von Ehrenamtlichen und der Spendenakquise.

Dies erfordert vor der Erstellung einer Unternehmensseite zunächst eine intensive Auseinandersetzung jeder Organisation mit den Zielen des Engagements bei Facebook und die Entwicklung einer Marketingstrategie.

---

[153] Vgl. Kielholz S.220-224

5.1 Entwicklung einer Marketingstrategie

Die Ziele eines Unternehmens oder einer Organisation für den Einsatz von sozialen Netzwerken stehen in direktem Zusammenhang mit den jeweiligen übergeordneten Zielen (Leitbild)und den Zielen des Marketings im Allgemeinen. Dabei kann zwischen ökonomischen und psychologischen Zielen unterschieden werden.[154]

Beim Einsatz von Social Media im Allgemeinen und Facebook im Besonderen stehen zumeist die Imageverbesserung, die Profilierung sowie die Schaffung von Aufmerksamkeit und Steigerung der Bekanntheit, vor allem aufgrund von Weiterempfehlung durch die Nutzer im Vordergrund, mit dem letztendlichen Ziel der Umsatzsteigerung beziehungsweise der optimalen Auslastung der jeweiligen Einrichtung. Beteiligung und Anregung eines öffentlichen Diskussionsprozesses und Beeinflussung der öffentlichen Meinung hinsichtlich kritischer Themen und eine Förderung des Dialogs mit den relevanten Anspruchsgruppen, vor allem im Bereich der sozialen Arbeit, gehören ebenso zu den Zielsetzungen, wie die strategische Positionierung in der Fachöffentlichkeit. Verbesserte Kundeninformation, Kundenbindung, aber auch Spenden- und Personalakquise können ebenfalls wichtige Ziele sein.[155]

Der Einsatz einer Facebook Seite aus blindem Aktivismus, bei der ohne Strategie die alten Werbebotschaften übertragen werden, bringt meist wenig. Facebook ist kein Allheilmittel für das Marketing.[156]

Eine Strategie erfordert auch eine intensive Auseinandersetzung mit den Bedürfnissen des Kunden. zu denen neben den Klienten auch die Ressourcengeber, die Kooperationspartner und das gesellschaftliche Umfeld gehören.[157]

Mehr als die Hälfte der Nutzer von Facebook erwarten von Unternehmen aktuelle Informationen, aber auch die Dialogmöglichkeit und die Unterhaltung sind wichtige Faktoren, wie die Ergebnisse einer Befragung, dem „Europäischen Social Media und E-Mail Monitor", im September 2010 zeigen.

---

[154] Vgl. Velev, 2009, S.24
[155] Vgl. Zerfass/Fietkau, 1997, S. 73-75
[156] Vgl. Holzapfel/Holzapfel, 2010, S.15
[157] Vgl. Luthe, 1995, S.36/37

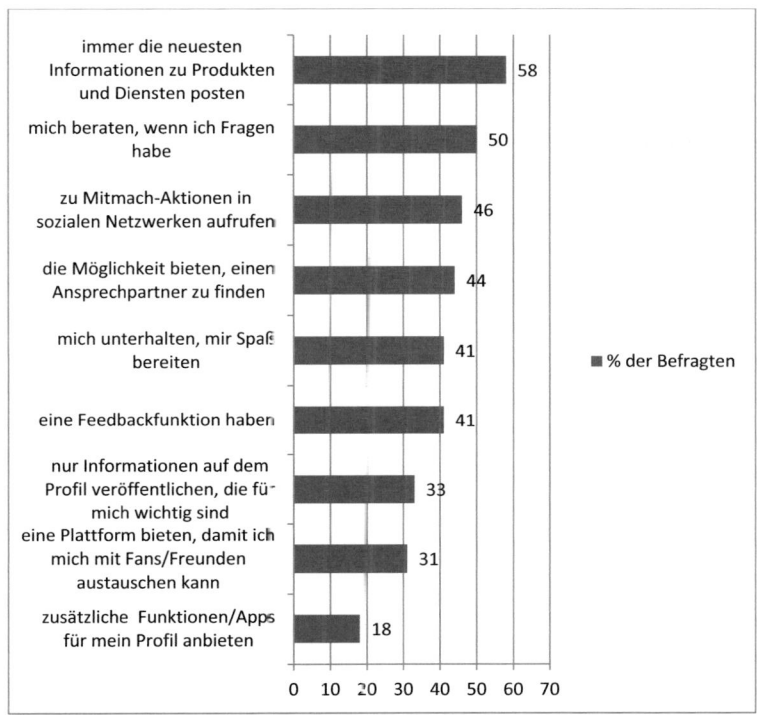

Abb. 9 : Erwartungen der Nutzer von Sozialen Netzwerken an Unternehmen
Quelle: eCircle, Der Europäische Social Media und E-Mail Monitor, 09/2010, S. 18

So wird der Einsatz von Facebook für das Marketing im Bereich Seniorenwohnen angesichts der bisher noch niedrigen Nutzerzahlen im Altersspektrum ab 60 Jahren eher wenig sinnvoll sein, es sei denn man entwickelt eine Seite, die sich gezielt an die Kinder der Senioren als pflegende und sch verantwortlich kümmernde Ansprechpartner wendet oder an Fachkräfte wendet.

Eine Strategie für das Marketing sollte sich jedoch nicht isoliert mit dem einzelnen Medium Facebook beschäftigen, sondern medienübergreifende entwickelt werden und dabei die Nutzung sozialer Netzwerke einbeziehen. Zerfass weist darauf hin, dass nicht der Kommunikationskanal isoliert im Zentrum des Planungsprozesses stehen sollte, sondern -im Rahmen eines Issuemanagement -das Thema, das vermittelt werden soll.[158] Aus diesem Grunde bedarf es zunächst einer Planung und Festlegung der Koordination und Führung des gesamten Prozesses.[159]

Bruhn beschreibt die Entwicklung einer solchen integrativen Multimediastrategie in acht Planungs- und Entscheidungsphasen:

- die Situationsanalyse: die Bestimmung des Ist- Zustandes und der überge-ordnete Ziele unter Einbeziehung des Leitbildes, die Analyse der Rahmen-bedingungen und der multimedialen Bedürfnisse der Zielgruppe und letzt-endlich das Fällen einer Entscheidung bezüglich des Einsatzes der verschiedenen Medien in diesem Rahmen, wie beispielsweise Facebook;

- die Festlegung der Multimedia-Ziele: der affektive, kognitive und konativen Ziele, die erreicht werden sollen;

- die genaue Identifizierung der Zielgruppen und die zielgruppenspezifischen Definition von Zielen, die Erstellung von Kundenpersonas, d.h. die Untertei-lung der Zielgruppe in potentielle Nutzersegmente bezüglich ihrer unter-schiedlichen Bedürfnisse unter Berücksichtigung von demografischen, sozi-oökonomischen und (verhaltens-)psychologische Kriterien;

- die Festlegung der Strategie und Vorgehensweise: Kernbotschaft, Anwen-dungsportfolio, Intensität, Art und Weise, Zielgruppe und die Dramaturgie (wer, was, wann, wie oft, wie, mit was, wem?);

- die Budgetplanung: die Planungskosten, die Realisierungskosten, die Sys-temkosten, die Implementierungskosten, die Betriebskosten, Kosten der Kundenkontaktpflege und Infoeinspeisung;

- die Maßnahmeplanung: welche Anwendungen und Instrumente kommen zum Einsatz?

- die Integration in die gesamte Unternehmenskommunikation;

- die Erfolgskontrolle, zum Beispiel durch Auswertung der Besucherzahlen der Seite, des sogenannten „Traffic", sowie durch Befragungen und qualita-tive und quantitative Auswertung der Kommentare und Weiterempfehlun-gen.[160]

---

[158] Vgl. Zerfass, 2004, S.412/413
[159] Vgl. Kotler, 2003, S.849/850
[160] Vgl. Bruhn, 1997, S.41-44

Kunden und Verbraucher erwarten zunehmend die Möglichkeit der dialogorientierten Kommunikation sowie Mitbestimmung und Mitgestaltung und soziale Netzwerke bieten die technischen Voraussetzungen dazu, dies muss jedoch in die Planung einbezogen werden.[161]

Bei der Entwicklung einer Marketingstrategie mit sozialen Netzwerken müssen sich die Unternehmen vor allem fragen:

- Warum wollen wir Soziale Netzwerke nutzen und welches sind die spezifischen Ziele für den Einsatz dieses neuen Mediums?
- Erreichen wir unsere Zielgruppen bei Facebook?
- Welche Wünsche unserer Zielgruppe erfüllen wir mit dem Einsatz von sozialen Netzwerken wie Facebook? Welche Probleme unserer Kunden können wir damit besser lösen und welche Fragestellungen besser beantworten?
- Für welche Leistungen besteht eventuell ein noch nicht ermittelter Bedarf?
- Wie betten wir einen Auftritt bei Facebook am sinnvollsten in die bereits bestehenden Maßnahmen ein?
- Welche Ressourcen können wir für die Entwicklung und Betreuung der Facebook-Seite bereitstellen?
- Wie können wir messen, ob die Ziele erreicht wurden? [162]

5.2 Der Einsatz im Bereich der Werbung, Empfehlungsmarketing, Kundenbindung und das Beschwerdemanagement

5.2.1 Werbung

Die klassische Mediawerbung erreicht nach wie vor eine größere Anzahl von Menschen als eine Facebook-Unternehmensseite, und kann deshalb meist besser für die Erhöhung des allgemeinen Bekanntheitsgrades eines Unternehmens genutzt werden als soziale Netzwerke. [163] Mit Ausnahme einiger weniger Organisationen wie dem SOS-Kinderdorf oder dem Roten Kreuz in Deutschland, finden sich meist nicht mehr als bis

---

[161] Vgl. Kotler/Kartajaya/Setiawan, 2010, S.25
[162] Vgl. Krzeminski, 1994, S.27; Vgl. Lewy, S.124
[163] Vgl. Bruhn, 2005, S.412

zu zweitausend Fans auf Seiten von sozialen Organisationen, bei lokalen Organisationen sind es deutlich weniger (siehe Abb. 10)

Soziale Netzwerke eignen sich eher für die gezielte Informationsvermittlung an bereits
Interessierte, die ihrerseits diese Informationen nur dann weitervermitteln, wenn sie
interessant oder unterhaltsam genug ist. Facebook ermöglicht zwar die zielgruppenspezifische Schaltung von Bannern. Jedoch wird diese klassische Bannerwerbung
häufig nicht wirklich wahrgenommen und die Klickratenonen sind niedrig. Trotzdem
mag es für einige Unternehmen interessant sein, auch diese klassische Werbeform zu
nutzen. Dabei kann es auch sinnvoll sein, eine sogenannte „Landingpage" einzurichten,
dass heißt eine Seite, auf der der Nutzer nach Anklicken des Banners zunächst landet
und die sich stärker an seinen Interessen orientiert oder durch starke visuelle Reize
stärker das Interesse weckt, als die eigentliche Startseite der Homepage oder der
Unternehmens-Seite bei Facebook. Ein Beispiel für eine solche Landingpage findet sich
bei der Facebook-Seite „AWO Freiwillich".

Organisation	Anzahl der Fans oder Freunde/Jan 2011
SOS-Kinderdorf	51.946 Fans
Deutsches Rotes Kreuz	25.286 Fans
Berliner Tafel e.V.	7.484 Fans
AWO Bundesverband	3.443 Freunde (Profil)
Aktion Sühnezeichen/Friedensdienste e.V.	1.404 Fans
AWO Freiwillich	1.146 Fans
Diakonie Berlin	821 Fans
Lebenshilfe Berlin	372 Freunde (Profil)
Gangway Marzahn	366 Freunde (Profil)
Berliner Aids-Hilfe e.V. [Rote Schleifen (Aids-Hilfe)	241 Fans 1.047 Freunde (Profil)]
Karuna-Zukunft für Kinder in Not	189 Fans
Nachbarschafts-und Selbsthilfezentrum der ufa-Fabrik	70 Fans

Abb. 10: Anzahl der Fans auf den Facebook-Seiten einiger sozialer Organisationen
Quelle: eigene Recherche auf Facebook, Januar 2011

Soziale Netzwerke können den Interessenten ein breites Spektrum an flexiblen, in die Seite integrierten Informationsmedien bieten, was aufgrund des hohen Erklärungs- und Kommunikationsbedarfs im Bereich der Dienstleistungen ein großer Vorteil zu sein scheint. Wichtig ist es, den Kunden zu überzeugen. Das kann durch Fakten und Diskussionen geschehen, aber auch, und manchmal noch wirkungsvoller, durch eine gute Geschichte, die es dem Kunden erlaubt mitzugehen und sich zu begeistern. Eine solche Geschichte braucht Persönlichkeit, Handlung und Bildhaftigkeit in Form von eindrücklichen Metaphern. Nur dann wird sie an vom Kunden an seine „Freunde" weitergeleitet werden.[164] Ein Beispiel ist die Wochenserie der Diakonie im Dezember zum Thema Wiedereinstieg ins Berufsleben, in der anhand der Geschichten von Menschen mit unterschiedlichen Hintergründen, wie Migration und Einschränkungen, wie körperliche Handycaps, gezeigt wird, wie sie es doch geschafft haben, in ihren Wunschberuf im sozialen Bereich umzuschulen. Eine gelungene Form, sowohl Menschen für diesen Bereich zu interessieren und Personalakquise zu betreiben als auch gleichzeitig auf die Probleme von Migranten und Behinderten hinzuweisen .

5.2.2 Empfehlungsmarketing

Das Verbreiten von Information durch die Funktionen „Teilen" und den Gefällt mir"- Button ist einer der wichtigsten neuen Möglichkeiten von Facebook. Die Entscheidung des Kunden für eine bestimmte Dienstleistung ist beeinflusst durch vielerlei Faktoren wie Preis, Passgenauigkeit des Angebots und andere soziale, kulturelle, persönliche und psychologische Faktoren, aber die Empfehlung von Freunden hat dabei eine große Bedeutung.

Um mich für einen bestimmten Anbieter zu entscheiden, muss ich zunächst einmal wissen, welche Angebote zu Verfügung stehen, d.h. die Information über diesen Anbieter muss für den Kunden leicht verfügbar und übersichtlich aufgearbeitet sein, wie dies durch eine Präsenz bei Facebook möglich ist. Neben Informationsquellen wie Werbematerialien und Informationen durch Multiplikatoren und Medien, spielen bei der Suche nach Angeboten im sozialen Bereich Erfahrungen des Familien- und Freun-

---

[164] Vgl. Kotler/Kartajaya/Setiawan, 2010, S.78ff

deskreises für den Kunden eine bedeutende Rolle.[165] Hier können die Empfehlungen, die im Rahmen sozialer Netzwerke möglich sind, einen besonderen Stellenwert haben.

„Heute besteht Vertrauen eher in horizontalen als in vertikalen Beziehungen. Verbraucher glauben einander mehr als den Unternehmen. Der Aufstieg der sozialen Medien ist schlicht ein Ausdruck der Verlagerung des Vertrauens der Verbraucher von Unternehmen auf andere Verbraucher. Laut dem Nielsen Global Survey verlassen sich immer weniger Konsumenten auf die Werbung von Unternehmen. Verbraucher betrachten Mundpropaganda zunehmend als neue, glaubwürdige und verlässliche Form der Werbung. Rund 90% glauben den Empfehlungen von Bekannten. 70% halten die ins Internet gestellten Meinungen von Kunden für zuverlässig."[166]

Interessant ist in diesem Zusammenhang die Betrachtung der Motive der Kunden für die Weiterempfehlung an andere Nutzer. Über 80% nennen altruistische Motive sowohl für Empfehlungen als auch für Warnungen, weitere Motive sind das Abbauen positiver und negativer Anspannung, das Gefühl von Selbstwertsteigerung aufgrund des Expertenwissens, die Unterstützung des Unternehmens, Vergeltung, Suche nach Rat, Ausübung kollektiver Macht, das Communityerlebnis und Gemeinschaftsgefühl, die Anerkennung durch andere Nutzer, Erwartung der Problemlösung durch Betreiber, die Einfachheit der Artikulation.

Fast die Hälfte der Kunden (42,7%) ist bereit die eigene Meinung nach dem Lesen eines Erfahrungsberichtes zu überdenken, ein Drittel (33,4%) würde einen Erfahrungsbericht auch im sozialen Umfeld im Internet weitergeben, ebenfalls etwa ein Drittel (35,1%) täten dies eher durch persönliche Kommunikation im sozialen Umfeld.

Welch starken Einfluss diese Empfehlungen haben zeigt auch, dass 43,7% der Befragten angeben, sie würden aufgrund negativer Berichte auf den Konsum verzichten, nur 17% täten das trotz einer negativen Beurteilung nicht, 28% der Befragten fällen die Kaufentscheidung nach dem Lesen positiver Bewertungen.[167]

---

[165] Vgl. Kotler, 2003, S.323-329

[166] Kotler/Kartajaya/Setiawan, 2010, S.48

[167] Vgl. Hennig-Thurau, Thorsten/Hansen, Ursula: Kundenartikulationen im Internet: Virtuelle Meinungsplattformen als Herausforderung für das Marketing; in: Die Betriebswirtschaft, 61. Jahrgang 2001; Heft 5; 2001; S. 564ff; nach: Gersonde, 2009, S. 74-77

Besonders weil die Dienstleistung vor ihrer Inanspruchnahme nur begrenzt vom Kunden geprüft werden kann, kommt der positiven Empfehlung alter Kunden oder Stammkunden durch Mund-zu-Mund-Propaganda im Dienstleistungsbereich eine besondere Bedeutung zu, während negative Erfahrungen von Kunden besonders sensibel aufgenommen werden und das Image eines Anbieters extrem verschlechtern können, was schließlich zur Entscheidung für einen anderen Anbieter führen kann.

Bei der Entscheidung für eine Dienstleistung spielen also, sofern eine Wahlmöglichkeit besteht, das Image der Organisation und der Einfluss der sozialen Gruppe, der der Käufer angehört, eine große Rolle. Korrelieren die Einstellungen und Überzeugungen des Kunden und seiner sozialen Bezugsgruppe mit dem Image des Angebots oder der Organisation, beeinflusst dies die Kaufentscheidung positiv. Bei Einrichtungen wie dem Jugendclub, wird dies deutlich, hier können Image und die Akzeptanz in der jeweiligen Freundesgruppe bedeutend sein und eine Präsens und Weiterempfehlung bei Facebook kann für das Image der Einrichtung positive Wirkung haben. Aber auch der Pflegedienst, der sich auf Facebook präsentiert, könnte in Zukunft von der Weiterempfehlung durch z.Bsp. pflegende Angehörige profitieren.

Das Unternehmen muss also versuchen, sich positiv ins Gespräch zu bringen und die Weiterempfehlung der Inhalte durch den Nutzer an seine „Freunde" anzuregen. Dies kann durch die Relevanz und Aktualität von Information oder durch einen hohen Unterhaltungswert der Nachricht oder der Kampagne erreicht werden. Methoden wie das Virale Marketing, bei dem versucht wird, gezielt überraschende und witzige Nachrichten, die mit dem Unternehmen gekoppelt werden, unter den Nutzern zu streuen, in der Hoffnung dass sie sich wie ein Gerücht durch Empfehlung verbreiten, sind allerdings häufig schwer im Voraus planbar, erfordern eine sorgfältige Planung und müssen schon eine sehr besondere Idee als Grundlage haben, um im Meer der Nachrichten des Newsstream aufzufallen.

„Einer der zentralen Schlüssel zum Marketingerfolg in sozialen Netzwerken wie Facebook besteht in der Schaffung von Gesprächsstoff. Die Nutzer wünschen sich Spaß, Unterhaltung, Dinge und Geschichten, die sie mit ihren Freunden teilen können und dergleichen mehr. Nur eines wünschen sie sich in diesem Umfeld für gewöhnlich eben nicht: plumpe Werbung. Wenn überhaupt darüber gesprochen wird, dann in der

Regel nicht in der Form, wie es sich Unternehmen wünschen...Die Kunst besteht also darin, Maßnahmen zu schaffen, die eine Brücke zwischen den Wünschen und Verhaltensmustern der Nutzer auf Facebook und den Inhalten schlägt, die ein Unternehmen transportieren will."[168]

Oetting[169] nennt vier Faktoren für ein Gelingen der Einbeziehung des Kunden in den Marketingprozess mit Social Media:

- der Kunden muss die Freiheit haben und spüren, selber zu entscheiden, inwieweit er sich beteiligen will ("Choice")
- er muss sich mit den Inhalten identifizieren können und eine Bedeutung darin erkennen können ("Meaning")
- er muss spüren und gezeigt bekommen, dass seine Kompetenz und sein Wissen wirklich gefragt sind ("Competence")
- er sollte seine eigene Mitwirkung im Ergebnis auch wiederentdecken, nur das überzeugt von der eigenen Wirksamkeit und erhöht damit die Identifikation ("Impact").

5.2.3 Kundenbindung

Durch vielfältige Methoden versuchen Unternehmen und Organisationen ihre Kunden an das Unternehmen zu binden. Bonuspunkte, Kundenkarten, eigene Communities – real oder virtuell, das alles sind Versuche den Kunden zur Markentreue zu bewegen, allerdings ist der Erfolg dieser Methoden höchst umstritten.[170] Erfolgreicher scheinen geodaten-basierte Bonusprogramme wie Foursquare zu sein, da sie zugleich einen spielerischen Unterhaltungswert und den positiven Unterstützereffekt des Social Sharing, des Teilens von Information, anbieten.

In der sozialen Arbeit spielt die Bindung des Kunden nur in einigen Arbeitsfeldern eine Rolle. Während es beispielsweise für Jugendfreizeiteinrichtungen, Bildungsträger, in der Altenpflege und der Kinderbetreuung durchaus von Interesse ist, ist das Thema für viele Beratungseinrichtungen und Krisendienste nicht relevant, sofern sie nach dem

---

[168] Vgl. Holzapfel/Holzapfel, 2010, S.134
[169] Vgl. Oetting, 2009, S.118-120
[170] Vgl. Hetzel, 2011, S.124

Prinzip der regionalen Zuständigkeit für einen bestimmten Bezirk oder Ort die allein zuständige Beratungsstelle sind oder andere Alleinstellungsmerkmale aufweisen, für einige sind die allermeisten Kundenbindungsmethoden schlicht kontraproduktiv, da sie die notwendige Anonymität untergraben.

Zudem muss der Kundenbegriff aufgrund des in der Sozialarbeit häufigen Dreiecksverhältnisses zwischen Kostenträger, Klient und Leistungserbringer um die Gruppe der jeweiligen Kostenträger erweitert sowie die nicht unbedeutende Mittlerfunktion von Vermittlern wie Berater, Lehrer oder Ärzte berücksichtigt werden. Klassische Kundenbindungsprogramme wie Bonuspunkte sind deshalb für soziale Organisationen häufig nicht relevant, es sei denn, es gibt einen direkten Dienstleistungsverkauf oder Warenvertrieb wie bei Behindertenwerkstätten oder anderen sozialen Integrationsbetrieben.

Trotzdem sollen neben den Kunden auch Kostenträger, die Fachöffentlichkeit, Kooperationspartner und Multiplikatoren, politische Entscheidungsträger gebunden und überzeugt, und das Interesse an der Arbeit in der Öffentlichkeit wach gehalten werden. Kundenbindung erfolgt jedoch in diesem Rahmen eher durch aktuelle und interessante Information. Für die Aktion Sühnezeichen/Friedenszeichen e.V. war der Aspekt der Bindung ehemaliger Freiwilliger durch aktuelle Informationen über die heutige Arbeit beispielsweise eines der wichtigsten Ziele, das auch erreicht wurde, so berichtet Karl Grünberg.[171]

Bei den nicht professionell eingebundenen Gruppen spielt zudem der Unterhaltungswert der Information und die emotionale Bindung eine Rolle für den Faktor Kundenbindung. Videobeiträge, Fotoreihen, Blogs, etc. sind für den, inzwischen an die schnelle Verfügbarkeit gut und unterhaltsam aufgebauter Informationen gewöhnten Kunden zur Normalität geworden. Facebook ermöglicht die schnelle, technisch unkomplizierte Vermittlung von Informationen über den Newsstream an das gesamte Netzwerk und ermöglich ebenso unkompliziert die Versendung von Fotos und Videos.

Vorstellbar ist in diesem Rahmen auch eine Weiterentwicklung der Angebote sozialer Organisationen für Smartphones, beispielsweise Apps, mit denen Informationen über Jugendfreizeitangebote, behindertengerechte Lokale oder alkoholfreie Cafes und

---

[171] Auszüge aus dem Interview mit Karl Grünberg im Anhang

Events, die neuesten gesetzlichen Entscheidungen bezüglich Arbeitslosengeld, Sozial-
hilfe, Informationen zum Thema Pflege/Gesundheit, etc. „vorsortiert" auf den mobilen
Endgeräten empfangen werden können und die eine verbesserte Les- und Bedienbar-
keit aufweisen, als die Inhalte einer im Smartphone aufgerufenen Webseite.[172]

5.2.4 Negative Kommentare und Beschwerdemanagement

Ein erfolgreiches Marketing mit einem interaktiven Instrument wie Facebook, kann
aufgrund des besonderen Risikos durch die geringen Kontrollmöglichkeiten nur
gelingen, wenn dem Beschwerdemanagement eine besondere Aufmerksamkeit
geschenkt wird. Kunden können hier sehr schnell ihre Zufriedenheit oder Unzufrieden-
heit äußern.

Kunden kommunizieren in der Regel eher besonders negative Konsumerlebnisse.
Während ein zufriedener Kunde durchschnittlich drei Personen über sein Erlebnis
berichtet, werden negative Erfahrungen an bis zu elf Personen weitererzählt. Und
diese Schilderung ist immer glaubwürdiger als Werbung, da sie keine ökonomischen
Interessen hat.[173]

Der Kunde kann bei Facebook seine Erfahrungen direkt artikulieren und verbreiten.
Mehr als bisher ist es möglich, den direkten Kontakt der Kunden untereinander
herzustellen und Kundenmacht durch Abstimmung von Handlungsweisen auszuüben.

Bei negativen Erfahrungen könnte dies schnell zu einem Desaster für den Träger
führen, wie zum Beispiel zu einem Boykottaufruf von Einrichtungen oder Marken, der
sich in sozialen Netzwerken schnell verbreitet, in manchen Fällen sogar globale
Auswirkungen für Unternehmen hat.

Gersonde schildert eine solche Entwicklung in drei Eskalationsstufen:

1. eine Beschwerde wird gar nicht oder ungeschickt beantwortet, was zur Folge
   hat, dass der ärgerliche Kunde Unterstützung bei anderen Kunden sucht, was
   bei Facebook leicht möglich ist;

---

[172] Vgl. Hetzel, 2011, S.124
[173] Vgl. Kotler/Armstrong/ Saunders/ Wong, 2003, S.329-332; Vgl. Gersonde, 2009, S.50

2. andere Kunden unterstützen die Ansicht, es entsteht Interaktion zwischen den Kunden, ähnliche Erfahrungen werden öffentlich gemacht;

3. Es werden andere Unternehmen empfohlen oder es wird sogar zum Boykott des Unternehmens aufgerufen.[174]

Kielholz empfiehlt deshalb, auf Kritik immer schnell zu reagieren, dabei die Relevanz der Kritik zu würdigen und sorgfältig zuzuhören sowie die Kritik ernst zu nehmen, die eigenen Handlungsoptionen genau zu betrachten und in authentischer Kommunikation die eigene Identität und die Absichten offen zu legen. Wichtig ist vor allem auch, die Wahrheit zu sagen.[175]

Bei anderer Betrachtungsweise können Beschwerden auch durchaus positiv als Möglichkeit zur Qualitätsverbesserung und damit zur Erhöhung der Kundenzufriedenheit verstanden werden. Eine positive Reaktion des Unternehmens vermittelt dem Kunden das Gefühl, in seiner Meinung akzeptiert und anerkannt zu werden. Statt kommentarlos den Anbieter zu wechseln und den Ärger darüber nur mit den Nachbarn zu teilen, hat sich der Kunde immerhin die Mühe gemacht, seine Beschwerde zu formulieren. Kotler weist darauf hin, dass 96% ihre negative Erfahrung nicht dem Unternehmen weitergeben, sehr wohl aber an andere Personen seines sozialen Umfeldes.[176] Jede Beschwerde eines Kunden kann somit positiv als ein Hinweis auf ein eventuell bestehendes Problem gewertet und als Ausgangspunkt für Leistungsoptimierung und Qualitätsverbesserung genutzt werden. Dies sollte in der Kommunikation mit dem Kunden dementsprechend dankbar angenommen, positiv wertgeschätzt und die Beschwerde schnell und unbürokratisch bearbeitet werden.

Die Entwicklung eines besonderen Forums, gelegentlicher Kundenbefragungen oder einer speziellen Kontaktfunktion für Lob und Beschwerden außerhalb des Newsstream kanalisiert die Beschwerde und entschärft die Eigendynamik, die negative Äußerungen im Newsstream entwickeln können und ermöglicht, sofort konstruktiv damit umzugehen. Eventuell kann damit der stillen Abwanderung weiterer Kunden und der Entstehung unnötiger Kosten durch Fehler entgegengewirkt werden. „Kundenbeschwerden

---

[174] Vgl. Gersonde, 2009, S.57/58
[175] Vgl. Kielholz, 2008, S.233
[176] Vgl. Kotler/Armstrong/Saunders/Wong, 2003. S.331

dienen als zentraler Ausgangspunkt zur Durchführung von Leistungsverbesserungen, - modifikationen und –differenzierungen." [177]

Die Anforderungen, die vom Kunden bei Facebook an Unternehmen bezüglich Authentizität und Ehrlichkeit gestellt werden, sind in jedem Falle hoch und erfordern sensible, flexible und kommunikationsstarke bearbeitende Mitarbeiter, die einen positive Einstellung zu Kritik durch den Verbraucher haben. Trotzdem bleibt das Medium Facebook eines mit einer schwer zu kontrollierenden Eigendynamik, die von vielen Firmen gefürchtet wird. In Gesprächen mit den Verantwortlichen für die Betreuung der Facebook-Seite in einigen sozialen Organisationen[178] zeigte sich jedoch, dass dort bisher keine oder nur geringe negative Erfahrungen gemacht wurden. Meist beschränkten sie sich auf unpassende Kommentare, die jedoch nicht die Organisation angriffen oder kritisierten. Tilmann Pritzens von der Berliner Jugendhilfeorganisation Gangway beschreibt sogar, dass sich gerade in der Jugendarbeit unangemessene Kommentare auch als Ausgangspunkt für eine kritische Auseinandersetzung nutzen lassen.[179]

Bei der Entwicklung von Qualitätsstandards sollte trotzdem ein Beschwerdemanagement unbedingt integriert werden. Das Leitbild und die Kultur einer Organisation sollten dahingehend wirken, dass die Mitarbeiter Beschwerden als sinnvollen Indikator für möglicherweise notwendige Qualitätsverbesserungen werten und nicht als unangenehme Störung des Betriebsablaufes.[180]

---

[177] Vgl. Gersonde,2009, S.49
[178] Vgl. Interviews im Anhang
[179] Vgl. Interview mit Tilmann Pritzens im Anhang
[180] Vgl. Christa, 2010, S. 96

5.3 Der Einsatz im Bereich der Informations- und Öffentlichkeitsarbeit sowie der Imagebildung der Organisation

Die Darstellung des eigenen Profils der Einrichtung in sozialen Netzwerken ermöglicht es den Nutzern, auf einfache Art und Weise etwas über die neue Entwicklungen des Unternehmens oder der Organisation zu erfahren, indem er als Fan durch die aktuellen Nachrichten der Organisation im Newsstream über alle neuen Entwicklungen informiert wird. Und es ist eine Möglichkeit für ein Unternehmen, durch die Informationen, die es vermittelt, das eigene Image zu gestalten. Wie in einem Blog kann regelmäßig aus der Organisation berichtet werden, neue Entwicklungen und Angebote, Diskussionen, Veranstaltungen, etc. bekannt gemacht werden. Dabei ist es wichtig, wirklich regelmäßig aktuelle neue Nachrichten zu schreiben und den Newsstream zu pflegen.

Die Vermittlung von Informationen an interessierte Kunden, beispielsweise über Veranstaltungen, wurde von allen Fachleuten, die im Rahmen dieser Arbeit interviewt wurden, als eines der wichtigsten Aufgabengebiete beschrieben.

Allerdings gilt hier auch: Qualität ist wichtiger als Quantität.[181] Karl Grünberg von der Aktion Sühnezeichen/Friedensdienste e.V. sagt:" Lieber poste ich was, was Qualität hat, wo Inhalt dahinter ist, dann gucken es die Leute auch an".[182]

Die Nachrichten dürfen nicht langweilen, da sie sonst vom Nutzer nicht gelesen oder gar mit nur einem Klick für den Newsstream blockiert werden können.

Auch bei Facebook, wie im gesamten Internet, wird der Nutzer inzwischen mit einer solchen Vielzahl an Informationen überschüttet, dass eine Nachricht selbst im eigenen Newsstream schnell ignoriert wird, wenn sie nicht auf den ersten Blick interessant erscheint. Der Nutzer schätzt eher eine qualitativ hochwertige Auswahl an Information. Die Weiterleitung interessanter Links zum jeweiligen Thema bietet dabei eine gute Möglichkeit, auf aktuell relevante Neuigkeiten an anderer Stelle in Netz hinzuweisen und dem interessierten Nutzer dadurch die Informationsbeschaffung zu erleichtern.

Die Pflege erfordert somit Fachpersonal, genügend Personalkapazität und Stoff, um etwas zu berichten. Dabei könne auch bereits vorhandenen Onlineangebote wie Blogs

---

[181] Zerfass/Fietkau, 1997, S.89-90
[182] Auszüge aus dem Interview mit Karl Grünberg im Anhang

oder RSS-Feeds[183] in die Facebook-Seite eingebunden werden. „Nur wer es schafft, seine Botschaften im Social Web oder in diesem speziellen Fall im Facebook Newsfeed sichtbar zu machen, zählt zu den mittel- und langfristigen Siegern in dieser neuen Marketingwelt."[184]

Welche Informationen veröffentlicht werden sollten, hängt dabei ganz entscheidend von der Zielgruppe ab. Ein Beispiel bietet der Verein FrauSuchtZukunft, ein Verein zur Unterstützung suchtmittelabhängiger Frauen in Berlin, mit verschiedenen Angeboten im Bereich der Beratung und Therapie, der Facebook ausschließlich für das Marketing seines alkohol- und drogenfreies Cafes mit Cateringservice nutzt und dort auf seine Cateringangebote und bisher gestaltete Veranstaltungen hinweist, um damit neue Kunden zu werben.

Ein anderes Beispiel ist das Profil von Dr. Ulrich Schneider, dem Leiter des Paritätischen Wohlfahrtsverbandes: Der Verband pflegt zwar keine eigene Unternehmensseite, aber Schneider verbreitet die Informationen über neueste Stellungnahmen, Fernsehbeiträge und Veröffentlichungen an Interessierte und nutzt so Facebook für die Öffentlichkeitsarbeit, Interessensvertretung und gesellschaftliche Einflussnahme des Verbandes.

Manchmal ist weniger auf einer Seite mehr. Es kann sinnvoll sein, zwei Seiten zu gestalten, die unterschiedliche Zielgruppen ansprechen oder unterschiedliche Bereiche der Organisation repräsentieren. So hat die Berliner Aidshilfe eine Unternehmensseite wie auch ein Profil für die Kampagne „Rote Schleifen für Berlin". Und die Arbeiterwohlfahrt nutzt neben den Unternehmensseiten für einige Landesverbände eine Seite speziell für die Kampagne „AWO Freiwillich" zur Anwerbung Freiwilliger. Dies kann vor allem für größere soziale Einrichtungen oder gezielte Kampagnen sehr sinnvoll sein, um die Zielgruppe besser zu erreichen.

Wie die Nutzeranalyse zeigt, werden soziale Netzwerke verstärkt im ländlichen Raum genutzt. Sie können deshalb helfen, Menschen zu informieren, für die der Zugang zu Kontakten und Informationen aufgrund der geringeren Dichte sozialer Angebote in weniger besiedelten ländlichen Gebieten erschwert ist, und ihnen neben der Informa-

---

[183] RSS-Feeds: Real Simple Syndication: neue Beiträge des Siteanbieters sind über eine spezielle Software (Newsaggregator) immer aktuell verfügbar ohne die Seite aufzurufen, News werden direkt an den Nutzer gesandt
[184] Holzapfel/Holzapfel, 2010, S. 53

tion die Möglichkeit zur direkten Kontaktaufnahme über Kommentare, die Mitteilungs-funktion oder den Chat zu ermöglicher. Unter diesem Aspekt kann ein Feld des Einsatzes von Facebook in der Sozialen Arbeit auch in der Erreichung von Menschen liegen, die in ihrer Mobilität eingeschränkt sind und über dieses Medium eine neue Möglichkeit der Kommunikation erhalten.

Frau Müller-Zurek, Leiterin der Abteilung Marketing und Öffentlichkeitsarbeit bei der Berliner Lebenshilfe berichtet, dass sie selber überrascht waren, dass sich so viele behinderte und auch geistig behinderte Kunden mit ihrer Facebook-Seite vernetz-ten.[185]

So könnte der Einsatz in der Arbeit mit Behinderten oder, sollte sich die Nutzung von Facebook auch in der Gruppe der über 60Jährigen stärker durchsetzen, in der Arbeit mit Senioren sinnvoll zur Information, Kommunikation und Vernetzung einsetzen lassen. Eine an die speziellen Bedürfnisse der jeweiligen Zielgruppe angepasste Technik ermöglicht dabei größtmögliche Barrierefreiheit[186]. Dies kann mithilfe von Schriftgrö-ßenanpassung, Bereitstellung alters- oder behindertengerechter Geräte (große Monitore und Tastaturen) geschehen[187], sowie durch den Einsatz von Techniken, die die Integration von Sehbehinderten ermöglichen, beispielsweise mit Sprach- und Augensteuerungsmöglichkeiten des Computers oder durch Screenreader, eine speziel-le Software, die den Inhalt des Bildschirms erschließt und interpretiert und in eine Braillezeile oder eine sogenannte Sprachausgabe übersetzt. Angebote von Unterstüt-zung bei Kauf und Wartung entsprechender Technik durch den sozialen Dienstleister können die Schwelle für die Nutzung von Facebook und anderen Onlineangeboten weiter senken.[188] Auch die Kopplung mit einer Kamera und die Nutzung von Videokon-ferenzen unter den vernetzten Nutzern durch die Kooperation mit Skype bieten gerade in der Arbeit mit Menschen, die in ihrer Mobilität eingeschränkt sind, viele Möglichkei-ten der Kontaktpflege. Beim Blinden- und Sehbehindertenverein in Hamburg wird Facebook bereits zur Öffentlichkeitsarbeit und Kommunikation genutzt.

---

[185] Interview mit Christiane Müller-Zurek im Anhang
[186] Im Zusammenhang mit Computer- und Informationssystemen wird dafür häufig der Begriff "Accessi-bility" verwandt.
[187] Vgl. Ochel, 2003, S.75/77
[188] Vgl. Schwindt, 2011

5.4 Der Einsatz im Bereich der Kommunikation mit Kunden und Fachöffentlichkeit - Möglichkeiten für Dialog, Vernetzung und Beratung

Im Rahmen der sozialen Arbeit stellt sich vor allem die Frage, ob der Einsatz von Facebook im Bereich der Kommunikation mit den Stakeholdern Vorteile bietet. Ein weiteres Feld ist die Frage inwieweit das „Expertenwissen" der Klienten der sozialen Arbeit möglicherweise durch das verstärkte Einbringen eigener Inhalte der Kunden genutzt werden kann, das heißt durch Inhalte, die vom Nutzer selbst erstellt und ins Netz gestellt werden. Zwar zeigt die ARD/ZDF-Onlinestudie 2011, dass nur etwa ein Viertel aller Nutzer sozialer Netzwerke daran interessiert sind, eigene Inhalte ins Netz zu stellen[189], trotzdem könnte dies in der sozialen Arbeit Chancen für einen Dialog mit dem Kunden bieten., als Grundlage für die Entwicklung neuer Angebote und die Entwicklung neuer Lösungen für die Probleme der Kunden.

5.4.1 Dialog mit dem Kunden und der Einsatz im Bereich der Beratung

Die dialogische Kommunikation mit dem Kunden ist viel gepriesen und ein hehres Ziel, scheint aber noch wenig erreicht und manchmal qualitativ auf sehr niedrigem Level. Bei genauerer Betrachtung von Facebook-Seiten sozialer Organisationen und Unternehmen stellt man fest, dass zwar mehr oder weniger viel gepostet wird, sich aber häufig nur eine begrenzte Anzahl Kommentare dazu finden. Zudem beschränkt sich ein Teil der Kommentare auf kurze, sprachlich eher legere und inhaltlich wenig differenzierte Bemerkungen wie „weiter so" oder „das finde ich spitze". Und ob man das Anklicken des „Gefällt mir"-Buttons schon als dialogische Kommunikation verstehen kann, ist fraglich.

Andererseits ist das, was an Kommunikation und Kommentaren seitens der Kunden auf Facebook möglich ist, schon viel mehr, als das, was andere Medien bieten, auch wenn diese Möglichkeiten noch nicht ausgeschöpft sind.

Bisher drehen sich die Überlegungen überwiegend um Imagegewinn (oder -schaden), und um quantitative Maßstäbe wie Erhöhen der Fan-Zahlen und des Traffics, also des „Verkehrs" auf der Seite. Noch scheint es an Konzepten zu fehlen, die sich damit

---

[189] Busemann/Gscheidle, 2011

beschäftigen, wie Partizipation und Diskussion möglich gemacht werden können und wie der geführte Dialog für Innovationen im Unternehmen oder auch gesellschaftliche Entwicklungen genutzt werden kann.

Soziale Unternehmen sollten es jedoch auch als eine Aufgabe betrachten, mögliche Problemlagen im Dialog zu erfahren und nach innovativen Lösungsmöglichkeiten für soziale Probleme zu suchen.

Basis für das Anregen eines Dialoges ist die Fähigkeit des Moderators der Facebook-Seite, die Sprache der Kunden zu sprechen, um in adäquater Form zu Kommunikation auffordern und motivieren zu können. Zudem muss er selbstverständlich fachlich am Puls der Diskussion sein.

Im Bereich der Beratung, der Selbsthilfe und der Streetwork kann Facebook dann teilweise als ein zusätzliches Dienstleistungsangebot für den Kunden eingesetzt werden.

Angesichts der hohen Zahl jugendlicher Nutzer – zur Erinnerung: 87% der 14 bis 19-Jährigen hat ein Profil in einem sozialen Netzwerk, der überwiegende Teil bei Facebook- kann die Aktivität einer sozialen Organisation im Bereich der Jugendarbeit sozusagen als eine Form der aufsuchenden Sozialarbeit verstanden werden. Hier kann das Engagement in sozialen Netzwerken andere Methoden wie Streetwork sinnvoll ergänzen, wie dies auch schon einige Jugendeinrichtungen wie beispielsweise das Cafe dom@in in Würzburg oder Gangway e.V. Berlin probieren. Tilmann Pritzens vom Verein Gangway nutzt sein Facebook-Profil in Verbindung mit seinem Smartphone, um im Rahmen seiner Arbeit als Streetworker in Kontakt mit den Jugendlichen zu kommen, indem er seinen jeweiligen Standort postet und auch neueste Nachrichten verbreitet.[190]

Alexandra Klein von der Universität Potsdam bezweifelt allerdings nach der Auswertung von Studien über die Nutzer von Online-Beratungsangeboten, dass Angebote im Bereich Online-Beratung ausreichend niedrigschwellig sind, um die Gruppe der sogenannten benachteiligten Jugendlichen zu erreichen. „Die inflationär betonte universelle und generelle Lebensweltorientierung internetbasierter Beratungsangebo-

---

[190] Vgl. Pritzens, 2011, S.29-34

te ist demnach nicht empirisch zu begründen. Die primäre AdressatInnengruppe sozialpädagogischer Beratung und Unterstützung, d.h. sogenannte benachteiligte Jugendliche, gehören nur in marginalen Anteilen zu den NutzerInnen dieser virtuellen Angebote."[191] Denn im Internet und somit auch bei Facebook bewegen sich, das zeigen die statistischen Zahlen, eher die besser ausgebildeten und besser verdienenden Deutschen.

Dies muss jedoch nicht dazu führen, diese Technik nicht einzusetzen, sondern zeigt im Gegenteil die Notwendigkeit von Initiativen, die Teilhabe in diesem Bereich auch für die bisher wenig erreichten Bevölkerungsgruppen zu verbessern. Der Verein Wiener Jugendzentren startete 2009 im Rahmen des EU-geförderten Programms Incluso ein Projekt der Jugendarbeit mit sozialen Netzwerken. Dabei zeigte sich, dass mehr Jugendliche erreicht werden konnten als die Gruppe, die normalerweise ein Jugend-zentrum besucht. Die Sozialarbeiterin Marion Horvath berichtet, dass durch die Präsenz in Netzwerken mehr Kontakt mit eher kontaktscheuen Jugendlichen oder auch Mädchen aus Migrantenfamilien, die ansonsten nur selten allein ins Jugendzentrum kommen durften, aufgebaut werden konnte.[192] Allerdings war der Anreiz dafür auch hoch: jeder Jugendliche, der am Projekt teilnahm bekam einen Laptop gestellt.

Eine Möglichkeit der Partizipation von (jugendlichen) Kunden ist ihre Einbindung in die Pflege der Seite. So könnte in der Jugendarbeit die Erstellung und Pflege ein gemein-sames Projekt von Jugendarbeiter und Jugendlichen sein, die Beteiligung an der Pflege der Seite kann so auch die Beteiligung an der Erstellung von selbst erstellten kreativen Inhalten und die kreative Mitgestaltung durch die Nutzer anregen, die sonst bei vielen Jugendlichen eher nicht über das ins Netz stellen von Fotos hinausgeht. Facebook könnte eine Möglichkeit sein, selbst erstellte kreative Inhalte zu teilen, möglicherweise zunächst in einer geschlossenen Gruppe, die bei Facebook gegründet wird.

Tilmann Pritzens von Gangway berichtet auch, dass anhand einer eigenen Seite für den Wiederaufbau eines Skateparks in Berlin Marzahn Jugendliche aktiv in die politische

---

[191] Klein, 2009, S.16
[192] Evangelisch.de, 2010; Incluso, 2010

Lobbyarbeit und die Mitgestaltung des Skateparks einbezogen werden konnten, auch dies eine Form der Partizipation[193]

Um das Wissen seiner Kunden besser nutzen zu können, muss das Unternehmen gezielt das Teilen von Informationen, beispielsweise über Veranstaltungen und Hinweise auf interessante Links, anregen. So kann die Seite durch die Vernetzung zu einem interessanten Informationspool sowohl für die Kunden als auch für das Unternehmen selbst werden. Auch durch den Dialog über die Kommentarfunktion, kleine Umfragen oder den Chat erhalten Organisationen viele Informationen über die Probleme und Interessen ihrer Kunden. So fand beispielsweise auf der Seite der Aktion Sühnezeichen/Friedensdienste e.V. am 20.12.201 ein Chat für Interessenten mit dem Geschäftsführer statt, der gut angenommen wurde, wie Karl Grünberg berichtet.[194]

Initiativen wie die der Berliner Sozialhelden e.V., gemeinschaftlich im Netz eine Karte über behindertenfreundliche Lokalitäten zu erstellen (wheelmap.org), erlangen durch soziale Netzwerke eine bessere Verbreitung.

Vor allem im ländlichen Raum, in dem Beratungsangebote oft nicht in unmittelbarer Nähe zur Verfügung stehen, schafft die Vernetzung einen Gewinn an orts- und zeitunabhängigen Informations- und Kontaktmöglichkeiten. Facebook kann hier die Funktion haben, Beratungsangebote bekannter zu machen.

Natürlich können persönliche Themen nicht direkt über den Newsstream „besprochen" werden. Zudem müssen sie unbedingt von geschultem Personal unter Berücksichtigung von Qualitätsstandards durchgeführt werden. Heinz Thiery, Leiter der virtuellen Beratungsstelle der Bundeskonferenz für Erziehungsberatung betont:„Beratungsangebote in Internet benötigen spezielle Settings und Kommunikationsregeln."[195]

Zwar ist das Angebot des Chats mit Mitarbeitern der Organisation über Facebook leicht zu realisieren und auch Angebote von Selbsthilfeorganisationen zur Kontaktaufnahme könnten in diesem Rahmen möglich sein. Allerdings muss unbedingt berücksichtigt werden, dass der geringe Schutz der Daten bei Facebook nicht geeignet ist, persönlich

---

[193] Interview mit Tilmann Pritzens im Anhang
[194] Auszüge aus dem Interview mit Karl Grünberg im Anhang
[195] Vgl. Thiery, 2011, S.10

über sensible Themen zu beraten, da alle Gespräche und Daten gespeichert werden. Bei Gangway e.V. wird beispielsweise ein Chat, der zu persönliche Themen berührt, sofort abgebrochen und anders, am liebsten face-to-face weitergeführt. Auch Karsten Schützler sieht den Datenschutz als ein großes Problem und setzt deshalb die auf Facebook eventuell begonnene Kommunikation eher im persönlichen Gespräch fort.[196] Hier ist es vielleicht auch sinnvoller, von vornherein auf ein eventuell vorhandenes und besser geschütztes Angebot der Onlineberatung auf der jeweiligen Website der Organisation hinzuweisen. Zu bedenken ist auch, dass es für Kunden problematisch sein kann, sich als „Fan" von Organisationen wie Drogenberatungsstellen, Drogenthe-rapieeinrichtungen, etc. zu outen. Aus diesem Grunde ist es fraglich, ob Facebook in solchen Fällen überhaupt einsetzbar ist bzw. muss genau bedacht werden, welche Funktionen zum Schutz der Kunden besser inaktiviert werden sollten.

5.4.2 Dialog mit der Fachöffentlichkeit und Vernetzung

Ebenso wie dem interessierten Kunden bieten gut gepflegte Facebook-Seiten auch Fachkräften die Möglichkeit zur Information und zum Austausch. Hier kann sich eine Organisation als Diskussionsplattform profilieren und durch die entstehende Vernet-zung ihre Position im Marktsegment stärken. Die Gründung einer offenen oder geschlossenen Gruppe für Fachkräfte erleichtert und schützt die Diskussion unterei-nander. Diskussionen müssen jedoch durch eigene Veröffentlichungen angeregt, moderiert und beständig begleitet werden.

Bisher wird Facebook jedoch als Vernetzungsmöglichkeit für Fachkräfte wenig genutzt. Vernetzung über persönliche Treffen in Arbeitskreisen und bei Arbeitstreffen sind offensichtlich effektiver und flexibler, gelegentlich werden andere Internetplattformen für die Vernetzung genutzt, möglicherweise ist auch der Anspruch der Transparenz und die Konkurrenz untereinander zu hoch. Vielleicht sind aber auch hier noch nicht alle Möglichkeiten ausgeschöpft. Arbeitskreise zu bestimmten Themen, wie beispielsweise das Koordinationstreffen Berliner Suchthilfeeinrichtungen könnte sich über eine Gruppenseite vernetzt direkt über neueste Entwicklungen in den Einrichtungen und auch über andere fachliche Entwicklungen informieren (Änderungen in der Gesetzge-

---

[196] Interviews mit Tilmann Pritzens und Karsten Schützler im Anhang

bung, therapeutische und medizinische Neuigkeiten, Defizite in der Versorgung, Defizite in der staatlichen Polit k, etc.), statt nur bei den monatlichen Treffen. Auch wäre national und international die Mögl chkeit von Vernetzung und Austausch leicht zu realisieren.

Sowohl Christiane Müller-Zurek von der Eerliner Lebenshilfe als auch Tilmann Pritzens vom Verein Gangway e.V. und Birgit Biene vom Nachbarschafts- und Selbsthilfezentrum der UFA-Fabrik (NUSZ) berichten, das sie sich über Facebook verstärkt mit Fachkollegen und Politikern vernetzen konnten. Bei Gangway wurde sogar eine eigene Gruppe für Fachkollegen der Jugendarbeit aufgebaut, in der sich über aktuelle Fachprobleme und Informationen ausgetauscht und miteinander gechattet wird. Das NUSZ beschreibt den Ausbau auch internationaler Kontakte als Ziel seiner Facebookaktivität.[197]

Eine solche Vernetzung von Fachkräften setzt jedoch, neben der notwendigen Präsenz der Fachkräfte auf Facebook, die nicht immer gegeben ist, auch den Willen zur Kommunikation, geeignete Moderation und wenig konkurrente Abgrenzung voraus, und erfordert kontinuierliche Beziehungsarbeit. Es bietet aber die Chance, Wissensressourcen besser zu nutzen, Wissenspools aufzubauen und durch gemeinsame abgestimmte Vorgehensweisen mehr gesellschaftlichen Einfluss auszuüben.

5.5 Der Einsatz für die Ressourcenbeschaffung – Spenden- und Personalakquise

Die Ressourcenbeschaffung ist im Marketing sozialer Organisationen ein bedeutender Faktor. Sowohl im Fundraising als auch bei der Personalsuche hat Facebook durch die Vernetzung neue Möglichkeiten geschaffen.

Besonders der Bereich der Personal- und Ehrenamtlichensuche kann für soziale Organisationen sehr interessant sein. Durch die zielgruppenspezifische Verbreitung und die Weiterleitung von Gesuchen im Netzwerk können viele Menschen direkt erreicht werden, die Anzeigen in der Presse möglicherweise nicht wahrnehmen würden. Nutzer können Freunde ohne Aufwand gezielt auf Angebote und Gesuche

---

[197] Vgl. Interviews im Anhang

aufmerksam machen. Die Studie Kelly Global Workforce Index der Kelly Outsourcing & Consulting Group von 2011 zeigt, dass bereits 23% der Deutschen soziale Netzwerke bei der Jobsuche nutzen und davon 19% auf Facebook zurückgreifen. Dabei ist die Altersgruppe der 30 bis 47-Jährigen am aktivsten bei der Jobsuche in sozialen Netzwerken.[198] Eine gezielte Suche nach Bewerbern und detaillierte Information über soziale Berufsfelder bietet beispielsweise die Facebook-Seite „Soziale Berufe. kann nicht jeder.", vom Diakonischen Werk.

Auch die Suche nach Freiwilligen und Ehrenamtlichen wird zunehmend durch eine Seite bei Facebook unterstützt. Neben der Integration von Stellen- und Freiwilligengesuchen als Reiter in die Unternehmensseite oder Stellengesuche als Postings im Newsstream finden sich auch eigene Seiten ausschließlich zur Darstellung von Freiwilligenarbeit einer Organisation wie „AWO Freiwillich" und Seiten von Freiwilligenorganisationen wie der Internationale Jugendgemeinschaftsdienst oder Aktion Sühnezeichen/Friedensdienste. Die Möglichkeit der multimedialen Vermittlung der Inhalte eines ehrenamtlichen Engagement oder Freiwilligendienstes bietet dem Interessenten zusammen mit den direkten Kommunikationsmitteln bei Facebook beste Voraussetzungen um sich ein Bild von der Arbeit und der Einsatzstelle zu machen.

Wahrscheinlich sind in Bezug auf die Suche nach geeigneten Bewerbern, Auszubildenden und Ehrenamtlichen die Möglichkeiten sozialer Netzwerke wie Facebook noch nicht ausgeschöpft.

Für das Fundraising sozialer Organisationen auf der Facebook-Seite wurden inzwischen verschiedene Applikationen entwickelt, wie Spendino, Facebook Causes oder Altruja, die in die Seite integriert werden können. Der Nutzer kann so spenden, ohne eine neue Seite aufzurufen und gleichzeitig durch einen Klick die Organisation zum Spenden in seinem Netzwerk weiterempfehlen. Teilweise bieten diese Module dem potentiellen Unterstützer auch die Möglichkeit, eigene Online-Spendenaktionen zu entwickeln.

Allerdings wird der weitaus größte Teil der Spenden in Deutschland nach wie mit klassischen Methoden wie Briefen akquiriert. Nur 13% der Spenden werden über

---

[198] Vgl. Heiden, 2011; Vgl. Kelly Services, 2011; Zum aktuellen Global Workforce Index wurden 97.000 Personen in 30 Ländern befragt, davon rund 2200 aus Deutschland. Die Umfrage wurde zwischen Oktober 2010 und Januar 2011 durchgeführt

elektronische Medien eingenommen, davon 6% über Telefonspendenaktionen und 7% über das Internet.[199] So gaben in den Gesprächen auch die meisten der sozialen Organisationen an, Spendenwerbung sei kein Ziel bei der Erstellung der Facebook-Seite gewesen. Nur Karsten Schützler von Karuna e.V. berichtet, dass dies der vorrangige Grund für ihr Facebook-Engagement war, die Organisation damit allerdings nur wenig Erfolg hatte.[200]

5.6 Was muss beim Erstellen und Betreiben einer Facebook-Seite beachtet werden?

Eine Facebook-Seite braucht ein übersichtliches und eingängiges Design, auch wenn hier schon vieles durch Facebook vorgegeben ist. Veränderungen des Designs abweichend vom Facebook-Design sind möglich, erfordern jedoch Expertenwissen, auch angesichts dessen, dass es allein im letzten Jahr mehrere grundlegende technische Änderungen für die Erstellung der Seite gegeben hat. Inzwischen gibt es eine Vielzahl von Dienstleistern, die das Einrichten einer Facebook-Seite entsprechend den Bedürfnissen des Unternehmens anbieten. Es entwickeln sich spezialisierte neue Berufsbilder für Management und Betreuung von Social Media Instrumenten wie Community Manager, Social Media Manager, Word-of-Mouth-Manager, Viral Marketing Manager, deren Einsatz allerdings nur für große Unternehmen, die einen weitreichenden Einsatz von Social Media Instrumenten planen, sinnvoll ist, da sich ansonsten die Kosten nicht rentieren.

Dabei ist ein großer Vorteil der Sozialen Netzwerke die geringen „Produktionskosten" beispielsweise einer normalen Unternehmensseite bei Facebook. Sie ermöglichen auch kleineren oder regionalen Unternehmen mit geringen finanziellen Ressourcen sich professionell zu präsentieren und diese als Kommunikationskanal zu nutzen.

Letztendlich ist der Einsatz jedoch trotzdem nicht kostenneutral. Die sehr schnelle technische Entwicklung erschwert es den Unternehmen, immer auf dem neuesten Stand zu bleiben und erfordert dann eventuell doch technisches Wissen beim Einsatz

---

[199] Bitkom, 2009
[200] Interviews im Anhang

und der Anpassung der Facebook-Seite an die Anforderungen des Unternehmens. Die Seite muss also von geschultem und zeitlich regelmäßig aktivem Personal gepflegt werden, dass sich mit den Regeln und Mechanismen der neuen Technik beschäftigt hat.

Name der Seite, Leitbild, Logo, das gesamte Erscheinungsbild sollte unter Berücksichtigung des Corporate Design sorgfältig geplant werden. Der Hinweis auf die Homepage des Unternehmens ist wichtig und kann zunächst auf eine sogenannte Landingpage führen, wie es bei den meisten großen Firmen, wie Coca Cola etc. schon üblich ist.

Der gewählte Name der Seite ist wichtig, entscheidet er doch über die Sucherfolge der Nutzer und lässt sich später schwer ändern. Die Verwendung von Schlüsselwörtern erhöht auch hier die Chance, gefunden zu werden. Durch die Suchmaschinenoptimierung, d.h. die Auswahl von geeigneten Schlüsselwörtern im Titel und durch Verlinkungen mit anderen Seiten lassen sich bessere „Listenplätze" bei der Suche in Suchmaschinen erzielen.

Die Beschreibung des Unternehmens sollte nicht zu kurz, aber strukturiert und übersichtlich sein, der erste Eindruck ist entscheidend.

Beim Einrichten der Pinnwand muss entschieden werden, welche Reiter links auf der Seite verfügbar sind. Standardmäßig finden sich dort Fotos, Diskussionen, Links, Veranstaltungen. Mithilfe von zusätzlichen (zum Teil kostenpflichtigen) Applikationen können weitere Reiter oder beispielsweise der „Gefällt mir" Button eingefügt werden. Zudem können Verknüpfungen zu Blogs oder RSS-Feeds beispielsweise der Homepage erstellt werden. Angesichts dessen, dass Facebook die Rechte über alles, was bei ihnen veröffentlicht wird beansprucht, kann es sinnvoll sein, Texte auf anderen Plattformen zu veröffentlichen und nur den Link bei Facebook zu integrieren oder anzugeben.

Die persönliche Vorstellung des jeweiligen Gesprächspartners auf der Facebook-Seite senkt die Schwelle, sich mit Fragen an das Unternehmen zu wenden. Besonders gelungen ist dies beispielsweise auf der Facebook-Seite des Verbandes der Diakonie und der von ihnen gestalteten Seite „Soziale Berufe.kann nicht jeder.", wo unter einem eigenen „Reiter", also einer eigenen Rubrik mit Namen „Wer macht diese Seite?" die Betreuer der Seite mit Foto und einem kleinen Text vorgestellt werden.

Bei der Pflege einer Facebook-Seite sind einige wichtige Regeln zu beachten:

- Die Beiträge sollten der Wahrheit entsprechen. Lügen kommen im Netz immer irgendwann ans Licht.
- Negative Kommentare in Bezug auf das eigene Unternehmen sollten niemals gelöscht werden, das wirkt wie Zensur und ruft noch mehr Ärger hervor
- Soll ein Beitrag z.Bsp. aufgrund diskriminierender Äußerungen gegenüber Dritten gelöscht werden, muss dies begründet werden
- Die Sprache sollte leicht verständlich sein, und sich an der Sprache der Zielgruppe orientieren. Der Tonfall bei Facebook ist eher umgangssprachlich.
- Beim Nutzen fremder Quellen müssen auch hier Quellenangaben gemacht werden.[201]

Beim Einsatz von Facebook muss sich das Unternehmen auch fragen: Passt der Einsatz des Mediums Facebook, das einen hohen Grad an Transparenz und Authentizität fordert, zum Profil des Unternehmens und zur Unternehmenskultur? Vor allem in eher hierarchisch organisierten Organisationen muss überlegt werden, wie mit dem hierarchiearmen Medium Facebook gearbeitet werden soll, und ob und wie die dort erwartete Transparenz und Authentizität erreicht werden kann. Eine Organisation, in der jeder Eintrag auf der Pinnwand zunächst vom Vorgesetzten genehmigt werden muss, wird möglicherweise nicht effektiv und flexibel genug mit Facebook arbeiten können.

Deshalb muss die Frage gestellt werden: wer von den Mitarbeitern darf sich wie auf der Seite äußern? Dazu sollten klare Regeln entwickelt werden, die mit der Organisationskultur und dem Leitbild in Einklang stehen und die mit allen Mitarbeitern abgestimmt werden.

Vom Deutsche Rote Kreuz wurde aus diesem Grunde eine Leitlinie für den Umgang der Mitarbeiter mit Social Media entwickelt. Dieser enthält für alle Mitarbeiter transparente und verbindliche Richtlinien über die eingesetzten Medien, Ziele und Zielgruppe, Art und Weise der Kommunikation, inhaltliche und zeitliche Rahmen der Interaktion von

---

[201] Vgl. Huber, 2008, S.174

Mitarbeitern mit den Kunden, Tabus und Netiquette, Verantwortlichkeiten und Verbindlichkeit dieser Regelung.

Die Entwicklung solcher Richtlinien ist für eine Organisation ein hilfreiches Instrument der Qualitätssicherung in diesem Bereich und ermöglicht Transparenz und Authentizität, schafft jedoch eine gewisse Eingrenzung des Kontrollverlustes. Zusätzlich sollten sich solche Richtlinien auch mit dem größtmöglichen Schutz der Daten beschäftigen.[202]

---

[202] Vgl. Eisfeld-Reschke/Hölderle, 2011

6 Fazit

Soziale Organisationen dürfen vor dem Trend zu sozialen Netzwerken wie Facebook nicht die Augen verschließen, sondern sollten genau prüfen, ob Facebook als Mittel im Marketing sinnvoll eingesetzt werden kann. Ein halbherziges „Mitschwimmen im Strom" bei dem nur alte Inhalte auf eine Facebook-Seite übertragen werden, wird allerdings nur wenig Erfolg und Nutzen bringen, weder für den Kunden, noch für das Unternehmen.

Der Einsatz von Facebook kann für einige Organisationen durchaus von Nutzen sein. Ob er sinnvoll ist, ist jedoch je nach Arbeitsfeld und Zielgruppe sowie Zielsetzung sehr unterschiedlich zu bewerten.

Es bedarf deshalb einer genauen Überprüfung der Erreichbarkeit der Zielgruppe und der Ziele der Organisation bei der Nutzung von Facebook. Erscheint der Einsatz sinnvoll, muss eine an die jeweiligen Bedürfnisse der Zielgruppe und die Bedingungen der Organisation angepasste Strategie entwickelt werden, eventuell auch mit mehreren Facebook-Seiten.

Dabei müssen auch die bestehenden Risiken und Nachteile berücksichtigt werden:

Obwohl es sich um ein technisch leicht bedienbares Medium handelt, müssen die Organisationen Zeit und Kosten für Betreuung der Seite, für Fortbildungen und auch für eventuell notwendiges technisches Fachpersonal einplanen. Diese Kosten sind angesichts der gebotenen Möglichkeiten jedoch nicht zu hoch und können auch von kleineren Organisationen aufgebracht werden.

Es muss Zeit aufgewandt werden, um Strategien und organisationsinterne Richtlinien für Nutzung und besonders auch für den Datenschutz zu entwickeln.

Vor allem der mangelnde Datenschutz muss, besonders in sensiblen Bereichen der Sozialarbeit, mit bedacht und eventuell beim Kunden thematisiert werden. Hier müssen Nutzen und Risiko sorgfältig gegeneinander abgewogen werden.

Das Risiko des Kontrollverlustes besteht und erfordert einen offenen, kritikgewohnten und sensiblen Kommunikationsstil des Moderators sowie eine ständige aktuelle

Betreuung der Seite, ist allerdings bei den Interviewpartnern als eher gering bewertet worden.

Um die Möglichkeiten der Vernetzung bei der Bekanntmachung der Organisation auszuschöpfen, braucht es durchdachte, an das Medium angepasste Öffentlichkeitsaktionen wie beim viralen Marketing, das setzt abermals genügend Zeit und Personalkapazität voraus.

Es darf auch nicht außer Acht gelassen werden, dass Teile der Bevölkerung nicht online und vernetzt sind. Es erfordert den Einsatz von barrieresenkenden Aktivitäten, um allen gleichermaßen Zugang und Teilhabe an den technischen Mittel zu ermöglichen.

Demgegenüber bieten sich durch den Einsatz jedoch auch Chancen für soziale Organisationen:

Die Vernetzung kann Organisationen ermöglichen, gezielt Kunden zu erreichen und weiterempfohlen zu werden, Kunden zu binden, in Kommunikation zu treten und durch das Feedback mehr über die Kundenbedürfnisse zu erfahren. Die Möglichkeiten im Bereich der Kommunikation mit den Kunden sind allerdings bei den meisten Organisationen auf Kommentare an der Pinnwand beschränkt. Dialogische Kommunikation und Partizipation der Kunden muss angeregt und fachlich begleitet werden und wird nur Erfolg haben, wenn sich die Organisation der geforderten Transparenz und dem Anspruch an Authentizität stellt.

Für einige Zielgruppen ist Facebook ein besonders gutes Kommunikationsmittel im Marketing. Angebote im Internet ermöglichen gerade in ihrer Mobilität eingeschränkten Menschen oder Menschen, die sich zunächst mit Distanz informieren wollen, eine leichtere Kontaktaufnahme. Auch jugendliche Nutzer sind über Facebook besonders gut zu erreichen.

Ein Ziel im Rahmen sozialer Arbeit kann es auch sein, gesellschaftliche Diskurse im Allgemeinen anzuregen, sich als Fürsprecher für die Klientengruppe in der Öffentlichkeit zu äußern und Menschen zu motivieren, sich an den Diskussionen und an gesellschaftlicher Weiterentwicklung zu beteiligen. Hier könnte mehr möglich sein, indem verstärkt und gezielt Diskussionen angeregt und Gruppen für die Vernetzung, auch von Fachkräften geschaffen werden.

Soziale Organisationen könnten dieses Medium also nutzen, um sich mit ihren politischen und gesellschaftlichen Einschätzungen und Forderungen verstärkt auszutauschen, zu vernetzen und an die Öffentlichkeit zu begeben.

Letztendlich bleibt aber Facebook nur ein technisches Mittel. Es ist kein Teufelswerk, aber auch kein Wundermittel des Marketings und lebt davon, dass es ausgefüllt wird. Es „marketingt" sich nicht ganz von selbst damit, sondern es erfordert Einsatz, personell und finanziell und lebt von der aktiven Beziehungspflege, ebenso wie Netzwerke im nichtvirtuellen Raum. Es braucht Konzepte, um sich die neue Technik auch nutzbar zu machen.

In jedem Fall bietet es gute technische Möglichkeiten der interaktiven Informationsvermittlung. Dabei sollte jedoch die Website einer Organisation das Zentrum des Onlineauftritts bleiben, da dort Daten besser geschützt werden können und deshalb Angebote wie Onlineberatung eher möglich sind. Facebook, sowie andere Social Media können dann in dieses Konzept integriert werden.

Möglich ist, dass sich Facebook auch in kürzester Zeit schon wieder überlebt hat und neue technische Mittel bessere Möglichkeiten bieten. Schon gibt es starke Konkurrenten wie Google+ und sinken die Nutzerzahlen in einigen Ländern. Soziale Organisationen müssen deshalb flexibel bleiben und sich aktiv über neue Entwicklungen informieren.

Anhang

Auszüge aus dem Interview mit Karl Grünberg, freier Mitarbeiter im Öffentlichkeits-referat und Betreuung der Facebook-Seite bei Aktion Sühnezeichen/Freiwilligen-dienste e.V. (ASF), am 13.01.2012 (das gesamte Interview wurde nur in der prüfungs-relevanten Ausgabe der Studie abgedruckt)

Was war das Ziel beim Einrichten der Facebook-Seite ?

KG: Also, als wir mit Facebook angefangen haben, hatten wir kein festes Ziel, sondern haben beschlossen, wir probieren es einfach mal aus, weil relativ deutlich war, dass eine Interaktionsschnittstelle zwischen Leuten, die was mit ASF zu tun hatten und uns möglich ist. Aber wir wussten nicht, was dabei rauskommt und wir wussten ja auch, dass es Zeit kostet und Geld kostet. Ein Ziel, ein Hintergedanke, war die stärkere Bindung der Leute, mit denen wir gearbeitet haben. Die Zielgruppe waren ehemalige und aktuelle Freiwillige. Wir haben es gleichzeitig auch auf StudiVZ versucht. Das haben wir aber relativ schnell wieder abgebrochen, weil zu wenig dabei rumgekom-men ist. Bei Facebook gingen die Zahlen schnell nach oben und die Interaktion hat gut geklappt.

Die Idee war stärker in Austausch zu treten: was machen wir und was haltet ihr davon und was macht ihr? Aber auch schneller Informationen von Terminen und Aktionen und Kampagnen und Fotos zu vermitteln, ohne dass ein großer Newsletter oder ein Zeichen (Anm.: Zeitschrift der ASF)nötig ist. Das kann man schnell posten. Einfach damit die Leute wissen: ASF gibt es noch und macht kontinuierliche Arbeit.

…

Was habt ihr für Erfahrungen gemacht damit, Interaktion und Kommunikation anzure-gen, wie macht ihr das?

KG: Indem wir gezielt fragen oder zu Kommentaren aufrufen, da gibt es dann schon auch Rücklauf. Und wir hatten vor kurzem auch einen Chat mit dem Geschäftsführer, das war relativ gut besucht und erfolgreich für die Uhrzeit mittags. Auch der Adventskalender war gut besucht, obwohl es dann auch gegen Ende Ermüdungserscheinungen gab.

...

Wieviel Zeit kostet es(die Pflege der Facebookseite, Anmerkung d. Verfasserin)?

KG: Nicht so viel. Wir posten höchstens ein bis zwei Mal die Woche. Die Leute sind sonst genervt. Anfangs wollten alle Newsletter haben und jetzt haben sie mehr Newsletter als alles andere. Also wenn jede Organisation jeden Tag zwei Postings macht, hast Du schnell zwanzig Organisationspostings. Lieber poste ich was, was Qualität hat, wo Inhalt dahinter ist, dann gucken es die Leute auch an.

Interview mit Christiane Müller-Zurek, Leiterin Öffentlichkeitsarbeit und Marketing bei der Lebenshilfe Berlin, am 18.01.2012

Ich habe gesehen, dass die Lebenshilfe eine Facebook-Seite hat. Als sie sich entschlossen haben diese Facebook-Seite zu erstellen, was waren da die Ziele?

CMZ: Explizite Ziele hatten wir zu dem Zeitpunkt gar nicht besonders. Ich bin durch verschiedene Fortbildungen mit dem Thema Social Media konfrontiert worden, als neue Kommunikationsform und weiß, dass gerade junge Menschen diese Plattform schon sehr intensiv nutzen und das war für uns einfach mal ein Test um auszuprobieren: Wie wird das angenommen, wie funktioniert das? Wir sind jetzt dabei, dafür auch eine detaillierte Strategie zu entwickeln, weil wir gesehen haben, es wird angenommen und wir erreichen damit auch ganz unterschiedliche Zielgruppen.

Welche Zielgruppen erreichen Sie damit?

CMZ: Interessanterweise auch Menschen mit Behinderung, dass hatten wir gar nicht unbedingt so erwartet am Anfang, dass auch Menschen mit sogenannter geistiger Behinderung sich durchaus auf Facebook tummeln und die Plattform Facebook nutzen.

Da kamen relativ viele Anfragen. Es sind auch Politiker, die sich mit uns vernetzen, und wir stellen fest, dass wir darüber tatsächlich ein Netzwerk aufbauen können.

Haben Sie verschiedene Seiten für verschiedene Zielgruppen oder haben sie auch Gruppen-Seiten, die geschlossen sind, um sich zu vernetzen?

CMZ: Bis jetzt noch nicht, wir sind eben, wie gesagt, noch dabei eine Strategie zu entwickeln. Ich habe verschiedene Veranstaltungen zu dem Thema besucht, und ich habe eine junge Kollegin, die jetzt zur Fortbildung geht und danach werden wir das dann in ein Konzept eingießen und dann daraus die entsprechende Strategie entwickeln.

Wenn sie sagen, sie waren ganz erfolgreich darin, Ansprechpartner zu erreichen, messen sie das anhand der Kommentare oder wie funktioniert ihre Erfolgsmessung?

CMZ: Das wird im Moment noch nicht systematisch evaluiert. Wir sind relativ zufrieden, ich glaub gestern hatten wir 326 „Freunde", wie sich das nennt. Damit sind wir im Moment relativ zufrieden. Wir werden natürlich im nächsten Schritt auch evaluieren müssen: Wie evaluieren wir das, was sind die Kenngrößen? Und das wir auch noch mal gucken: was sind die Ziele? Im Moment ist es so, dass wir unsere Veranstaltungen einstellen. Wir haben aber da auch eine relativ schmale Basis, weil ich dafür auch nicht so viele Stunden zur Verfügung stellen kann, weil natürlich Facebook und Social Media ein Thema ist, in das man auch sehr viel personelle Ressourcen rein geben kann, da sind wir eben begrenzt.

Sehen Sie besondere Risiken oder haben sie auch schon schlechte Erfahrungen gemacht?

CMZ: Bis jetzt haben wir noch keine schlechten Erfahrungen gemacht. Das muss man so sagen. Aber das Thema Datensicherheit ist ein Thema und unsere Datenschutzbeauftragte wird sich da auch noch mal mit einbringen, weil gerade wenn Menschen mit Behinderungen das stärker nutzen sollen, müssen wir auch diesen Sicherheitsaspekt noch stärker im Blick haben, als wir das im Moment haben.

Gibt es eine spezielle Mitarbeiterpolicy? Dürfen sich Mitarbeiter auf der Seite äußern?

CMZ: Es ist uns vollkommen klar, dass wir auch ein Regelwerk entwerfen müssen. Wir werden ohnehin ein Regelwerk entwerfen müssen, wenn Mitarbeiter, wir sind ja auch eine große Organisation mit über tausend Mitarbeitern, sich auf diesen Plattformen tummeln, dass wir da Guidelines herausgeben. Uns ist aber klargeworden, dass wir das Thema Social Media nicht komplett unterbinden können. Wir haben halt unsere relativ statische Homepage, aber im Netz wird auf diversen Plattformen unendlich viel kommuniziert. Ich habe jetzt in einer Auswertung das erste Mal gesehen, dass da in irgendeinem Forum, das ich noch gar nicht kannte, die Frage aufgetaucht ist, wer kennt die Lebenshilfe? Das ist eine Kommunikation, die wir gar nicht mehr beeinflussen können.

Betreiben Sie auch Personal- und Spendenakquise auf Facebook?

CMZ: Bis jetzt noch nicht. Als ich das allererste Mal mit dem Thema Social Media konfrontiert worden bin, da war ganz spontan mein Gedanke und der von allen anderen Öffentlichkeitsarbeitern, die dabei waren, dass das ein Thema für die Personalakquise sein kann. Unsere Personalentwicklerin hat auch einen Account bei Facebook und einen bei Xing, aber es gibt noch gar kein Konzept dafür, das sind im Moment erstmal so zarte Ansätze. Und Spendenakquise bisher noch überhaupt nicht. Nach unserem Kenntnisstand, wir haben auch eine Fundraiserin, ist das bisher auch noch nicht so groß entwickelt. Wird aber ein Thema werden, mit dem wir uns beschäftigen.

Haben Sie das Gefühl, dass sie mit den Menschen auf Facebook auch in Diskussion kommen können? Haben Sie Erfahrungen damit gemacht, was gut funktioniert, um Diskussion und Kommunikation anzuregen?

CMZ: Dazu kann ich leider gar nichts sagen. Ich sehe eine Chance, dort Diskussionen ablaufen zu lassen, die wahrscheinlich dann aber auch in geschlossenen Gruppen. Das ist dann einfacher, als wenn wir ein Forum im Internet installieren. Wir hatten überlegt, entsprechende Diskussionsforen auch auf unserer Homepage anzubieten, davon ist uns aber abgeraten worden, weil andere Organisationen damit gar nicht so gute

Erfahrungen gemacht haben, weil sie praktisch gar nicht genutzt werden. Ich plane sowas auch eher in Facebook zu verlagern und das werden wir dann wohl eher in geschlossenen Gruppen machen. Ich sehe da aber Chancen drin, ich sehe da mehr Chancen als Risiken, muss ich sagen. Ich denke, es ist ein modernes Kommunikations-instrument. Das Thema wird sich weiterentwickeln. Ob Facebook noch das herrschen-de System in zwei Jahren sein wird, da sind sich die Fachleute im Moment nicht einig, aber diese Kommunikationsplattformen, die werden auf alle Fälle weiter existieren und wir werden gucken, welche Möglichkeiten eröffnen sich da für uns. Das ist ein basisdemokratischer Prozess, den man n einigen Bereichen nicht steuern kann, aber wo viele Leute die Möglichkeit haben, sich zu beteiligen. Ob das dann so angenommen wird, das kann ich im Moment nicht einschätzen, weil wir noch nicht so weit sind. Wir wollten es erst einmal ausprobieren, und werden es jetzt, nach der Fortbildung, ein bisschen strukturierter angehen. Wir müssen dann ja auch Empfehlungen aussprechen für die entscheidenden Gremien, wie wir damit umgehen, und da brauchten wir dann einfach noch ein bisschen mehr Sicherheit.

Interview mit Tilmann Pritzens, Streetworker bei Gangway e.V. am 17.1.2012

Ihr setzt eure Facebook-Seite ein für die Streetworkarbeit mit Jugendlichen. Wie ist das entstanden und nutzt ihr eure Facebook-Seite noch für andere Sachen?

TP: Allgemein nutzen wir das Web 2.0, ich sag mal, die Anfänge waren 2007, wo die große Jappie-Welle war. Es gab ja erst Knuddels, also ein Kinderchat, wo sich Jugendli-che verabredet haben, ganz viel gechattet haben und daraus sich Chattertreffen entwickelt haben. Wir sind dann daraus sehr schnell entwachsen, weil das eher ein Kinderchat war und ist. Es sind dann alle zu Jappie übergewechselt und das war 2007 für uns, dass heißt, für meinen Kollegen, der Grund zu sagen Streetwork heißt, da zu sein, wo die Jugendlichen sind, also sich in deren Lebenswelt zu bewegen . Und dann war sehr schnell klar, dass Gangway Marzahn, also unser Team einen Jappie-Account braucht. Ich war da damals sehr negativ, sehr skeptisch gegenüber eingestellt, bin aber mittlerweile überzeugt, dass das perfekt ist, wenn man sich einfach anmeldet und wenn man sich da, ich sag mal dezent verhält, dass man sich da in diese Lebenswelt genauso begibt, wie man sich als Streetworker oder als Jugendarbeiter ja sonst auch oft in die Lebenswelt von Jugendlichen begibt.

Also, Du hast schon den Eindruck, dass man die Jugendliche auf diese Art und Weise eher erreicht?

TP: Ja, es gibt zwei Seiten, vielleicht sogar drei: es gibt die Seite des Erreichens, also des wirklich Aufsuchens, wobei die eher dezent ausfällt, weil das natürlich gerade in so einer Stadt wie Berlin oft als Belästigung interpretiert wird, wenn man als Streetworker oder als Sozialarbeiter an Jugendliche herangeht, die einen nicht kennen.

Die zweite Ebene ist, das natürlich der Hauptkontakt zu Jugendlichen besteht, die wir aus irgendwelchen anderen Zusammenhängen her kennen, d.h. dass man sich praktisch nur parallel oder ergänzen zu der eigentliche Arbeit die man mit Jugendlichen macht über die Netzwerke auch noch mal vernetzt, in Kontakt bleibt, Zwischenabsprachen trifft usw. .

Und dann gibt's noch die dritte Ebene, das ist praktisch die kollegiale oder die fachliche Ebene, wo auch ganz viel über Facebook-Gruppen, über Pflege von gemeinsamen Seiten usw. der Fachaustausch gepflegt wird.

Habt ihr Gruppen, in denen ihr Euch mit Fachkollegen austauscht?

TP: Ja, ja, definitiv, da haben wir mehrere. Sowohl Gruppen, die mit Jugendliche gegründet wurden, sei es offene Gruppen, wo man sich zu allgemeinen Themen wie zum Beispiel zu Belangen von einem Skatepark austauscht. Das ist in Marzahn akut Thema, wo ein Skatepark abgerissen wurde und wir gesehen haben, dass fast alle Nutzer des Skateparks auf Facebook sind und wo wir dann ganz schnell eine Facebook-Seite gemacht haben. Eine öffentliche Seite, die eben heißt „der pinke rote Skatepark", wo es nur um dieses Thema geht: wie kann man Jugendliche beteiligen daran, dass der wieder aufgebaut wird bzw. vor allen Dingen sollen halt Jugendliche beteiligt werden dabei, was dahin gestellt werden soll. Das ist zum Beispiel etwas, wo man einfach die Partizipation von Jugendlichen sehr befördern kann. Dann haben wir eine Streetworker-Seite, die ist auch, sagen wir mal, halb offen, das heißt, jeder, der bei mir auf dem

Profil ist, sieht, das es diese Seite gibt. Wir haben sie auch ganz bewusst so eingestellt, dass man sehen kann, wer in dieser Gruppe drin ist, also das da lauter Streetworker drin sind. Aber was in der Gruppe diskutiert wird, das kann keiner lesen, nur jemand, der in der Gruppe Mitglied ist. Das läuft dann wirklich mittlerweile bundesweit. Ich weiß nicht, ausländische Kollegen haben wir, glaube ich bis jetzt noch nicht drin, aber das könnte natürlich auch jederzeit sein Auf Einladung bzw. Nachfrage, kann man in der Gruppeaufgenommen werden und da läuft tatsächlich fachlicher Austausch, da werden interessante Artikel reingestellt in die Gruppe, die man Kollegen zur Verfügung stellt, meistens mit fachlichen Hintergrund. Und das Schöne ist natürlich, dass man über den Weg auch einen Gruppenchat hat. Wenn ich online bin und die Gruppe, dann öffnet sich, wer von den Kollegen, die Gruppenmitglieder sind, gerade bundesweit online ist. Das heißt, wenn ich jetzt eine akute Frage habe, zum Beispiel zu irgendeiner Droge habe, also es kommt jemand zu irgendeiner Drogenberatung und ich weiß halt gerade nicht was „Crocodile" ist, und ich sehe es sind fünf Kollegen online, dann schreib ich einfach schnell ins Gruppenchat: „Mensch Leute, könnt ihr mir mal sagen was Crocodile ist? Ich hab hier gerade jemanden sitzen und komm damit gar nicht klar. Habt ihr eine Idee? Habt ihr schon mal was gelesen drüber, und, und, und." Da kann man sich dann ganz schnell mal im Chat austauschen.

Habt Ihr die Erfahrung, dass sich die Jugendlichen wirklich beteiligen, also dass es da wirklich zu Partizipation und Kommunikation kommt?

TP: Generell ja, das ist halt das alte Thema, das wir immer wieder verfolgen: Wenn es Themen sind, die die Jugendlichen wirklich interessieren, also die ihnen wirklich auch unter den Nägeln brennen, ist alles möglich, wenn es irgendwelche Themen sind, bei denen Jugendarbeiter oder Sozialarbeiter denken, dass das für Jugendliche interessant sein könnte, wird es nicht frequentiert. Also ich sag´s sogar nochmal extremer: Ideal ist es, wenn man jetzt bei dieser Skatepark-Seite Jugendliche findet, die selber die Administration der Seite mit übernehmen, die Zeit oder Lust oder auch ein bisschen ein Händchen dafür haben, mal ihre Massen zu mobilisieren, wenn es um so was, ein bisschen auch Politisches geht, dann ist es natürlich ideal, wenn das die Jugendlichen selber in die Hand nehmen. Ansonsten, wenn das Themen sind, die die Jugendlichen wirklich beschäftigen, auf alle Fälle.

Habt ihr auch schon mal negative Erfahrungen gemacht? Blöde Kommentare oder irgendetwas, wo es schwierig wurde in der Kommunikation?

TP: Eigentlich überhaupt nicht. Es gibt natürlich mal blöde Kommentare oder es gibt mal blöde Postings, wobei die nicht an uns direkt gerichtet waren, sondern Postings, die halt von bestimmten Leuten kommen, die einer bestimmten Szene angehören oder sich gerade cool finden, wenn sie zum Beispiel irgendwelche porno- oder gewaltver-herrlichenden Videos posten, aber damit kann man ja arbeiten, darauf kann man ja reagieren. Aber es ist jetzt nicht so, dass sie uns damit belästigen oder vollspamen oder sonst irgendwas machen, das überhaupt nicht. Und innerhalb der Gruppen gibt's ja eh bloß bestimmte Zugänge. Nein, also. Das ist uns bisher noch nicht untergekom-men, im Gegenteil, es wird eigentlich sehr gut angenommen. Die Jugendlichen finden es sehr gut, dass wir da sind im Netz.

Thema Datenschutz, gibt es da irgendwelche Bedenken? Letztendlich werden ja alle Daten, die über Facebook laufen gespeichert?

TP: Wir achten natürlich drauf, dass das, was an Daten über Facebook läuft, keine sensiblen Daten sind. Wenn ich jetzt, ich sag mal, in einer Chat- Beratung wäre, und ich merke es kommen jetzt sensible Sachen zum Vorschein, vielleicht sogar irgendwelche Straftatsbestände oder sonst irgendwas, würde ich sofort den Chat beenden und demjenigen sagen:"Du weißt selber, Facebook ist nicht ganz datensicher, lass uns mal auf einen anderen Kanal wechseln, telefonieren, wobei das ja auch nicht ganz sicher ist, aber dann ist natürlich vorrangiges Ziel face-to-face- Kontakt herzustellen.

Also eigentlich ist immer meine Betonung: Ergänzend zur klassischen Sozialarbeit macht's Sinn, wenn ich jetzt also einen Einzelfall habe, der zum Beispiel einen Ämter-gang vor sich hat, und ich sehe den abends online, und frage: "Du, wie sieht's denn aus? Du warst doch heute beim Jugendamt? Hat's geklappt? Gab's Probleme?" Einfach so Zwischenabsprachen, die kann man ganz schnell mal machen ohne jemanden anzurufen und jetzt vielleicht gerade zu stören. Oder ohne das der mich anrufen muss, so nach dem Motto: ich bring grad meine Kleine ins Bett und da klingelt das Telefon und er sagt mir, dass das mit dem Jugendamt super gelaufen ist, sondern man hat durch diese Onlineverfügbarkeit noch eine neue Form von „ich bin für dich da", und gleichzeitig zu wissen, wenn ich den jetzt anschreibe, muss nicht innerhalb von einer zehntel Sekunde gleich eine Antwort da sein. Es kann auch mal eine Viertelstunde dauern, bis jemand mir antwortet.

Gab es spezielle Aktivitäten um mehr Freunde auf Facebook zu finden, also um euch besser zu vernetzen? Habt ihr die Kontakte besonders angeregt?

TP: Nein überhaupt nicht. Ich habe eine Kommstruktur aufgebaut. Ich freu mich natürlich schon, wenn ich Freundschaftsanfragen kriege und manchmal gehe ich auch gezielt auf Kollegen oder Bereiche zu, wo ich meine , es ist vielleicht auch interessant, die Postings mitzulesen und manchmal auch bei Jugendlichen, die ich aus bestimmten Zusammenhängen kenne, und wo ich dann im Sinne von aufsuchender Arbeit sage:"Mensch, toll du bist ja auch hier." Und ich biete dann meine Freundschaft an, meistens in Form einer Nachricht. Umgekehrt, wenn ich Freundschaftsanfragen habe, von Leuten, die mir gar nichts sagen, dann frage ich eher auch mal mit einer Nachricht zurück, wer derjenige ist und warum er Interesse hat, mit befreundet zu sein.

Noch eine letzte Frage: Was ist deine Zukunftsvision? Denkst Du, dass es mit Facebook noch länger so weitergeht?

TP: Es ist eh so, dass ich immer sage, man muss sich immer da bewegen, wo die Jugendliche sich bewegen. Klar ist Facebook mittlerweile ein derartiger Hype, das sie für 2012 weltweit die Milliardenschwelle prognostizieren, also es hat schon eine Bedeutung. Wie die Netzpolitiker auch sagen: es ist ein Internet im Internet. Ein eigenes Netz eine eigene Welt, eine eigene Lebenswelt im eigentlichen Internet. Also Du kannst über Facebook shoppen, du kannst ja alles machen. Ich weiß nicht, ob das immer der Burner bleiben wird, weil der Zuckerberg ja auch eine ziemliche große Allmachts-Phantasie hat, zum Beispiel mit der Timeline, wo alles von der Geburt bis zum Jetzt im Zeitstrahl abgebildet wird. Das schreckt ziemlich viele Leute ab, die dann auch wieder abspringen. Es gibt ja Untersuchungen, dass gerade in den Staaten wieder rückläufige Nutzerzahlen sind, ich glaub in Frankreich auch, Deutschland ist immer noch am wachsen- also ich denk mal, es wird schon eine ganze Weile noch im Mittelpunkt stehen, aber es gibt schon erste Tendenzen von kritisch denkenden Jugendlichen, die umdenken, die so Alternativen wie „Diaspora" verfolgen, eine anfangs studentische Gruppe, die vor zwei, drei Jahren in den Staaten angefangen haben, eine datensichere Alternative Facebook zu entwickeln. Die ist jetzt auch schon in einer Alphavariante online. Ich habe da auch schon einen Account und beobachte das. Das wird bisher noch nur von ein paar Freaks und Technikinteressierten genutzt. Aber es könnte sein, dass das später auch mal von Jugendlichen genutzt wird, die sagen, ich möchte meine Daten besser schützen.

Interview mit Karsten Schützler, Öffentlichkeitsarbeit, Karuna – Hilfe für Kinder in Not e.V. am 20.01.2012

Was war das Ziel, als ihr mit Facebook angefangen habt?

KS: Naja, eigentlich waren wir da sehr skeptisch und zögerlich. Es gab zu diesem Zeitpunkt noch sehr viele andere Netzwerke: MySpace, SchülerVZ, StudiVZ, jetzt stirbt das ja alles ab. Erst als sich herauskristallisierte das Facebook wirklich einen gewaltigen Schritt in Richtung Sammlung macht, also dass da nicht nur Kiddies in ihren Cliquen treffen oder Bands, sondern dass da zunehmend Unternehmen drin sind, potentielle Spender, Promis, dass gemeinnützige Organisationen da jetzt anfangen, präsent zu sein, da überlegten wir, ob wir auch reingehen müssen. Ich habe dann gesagt, ich glaube wir kommen da nicht drum rum. Das ist das Ding der Zeit und alle sind da und darum müssen wir da auch rein. Ich hab mich dann privat da angemeldet. Ich möchte das eigentlich nicht, ästhetisch und wie es aufgebaut ist, manche Bestandteile waren damals völlig unsicher, man konnte sich darein hacken. Damals habe ich dann gesehen, dass man sich da als gemeinnützige Organisation eine Fanpage machen kann, habe mich und den Geschäftsführer als Administrator eingetragen, sozusagen als Präsentationsseite von Karuna.

Was war die Zielgruppe, die ihr erreichen wolltet?

KS: Die Zielgruppe waren eindeutig Spender. Wir hatten im Hinterkopf potentielle Spender dort zu erreichen oder Leute die darauf stoßen, und irgendwo arbeiten oder Leute kennen, also es ging darum Spender zu akquirieren.

Habt ihr das Ziel erreicht?

KS: Nicht vordergründig. Ich kann jetzt nicht ausschließen, dass es nicht den einen oder anderen Zweithand-Kontakt gab, der gesagt hat, guck dir doch mal die Karuna-Facebook-Seite an, oder so. Aber meines Wissens gab es keinen direkten Kontakt auf Facebook-Aktivitäten hin. Es gibt jetzt zunehmend Organisationen, soziale Organisationen, Hilfsorganisationen oder Friedensorganisationen oder so, irgendwelche gesellschaftlichen Organisationen, die Kontakt mit uns aufnehmen, die posten was auf unserer Pinnwand, das ist dann aber für andere nicht einsehbar. Das hat aber bisher nichts Handfestes gebracht.

Gibt es nur diese eine Seite oder habt ihr auch Gruppenseiten, auf denen ihr euch mit Fachkräften vernetzt?

KS: Nein, haben wir nicht. Wir haben es ein paar Mal überlegt, ob wir das machen müssen. Aber wir haben sowas noch nicht eingerichtet.

Plant ihr sowas? Gibt es die Überlegung, wir nutzen das als Vernetzungsmedium mit anderen Fachkräften?

KS: Nein, diese Notwendigkeit ist nicht gegeben bis jetzt.

Wurden über die Facebook-Seite auch Klienten erreicht?

Nein Klienten nicht, aber interessanterweise melden sich immer wieder ehemalige Klienten. Wir stellen ja immer Neuigkeiten, Fotos und Videos und so da rein, und dann meldet sich Klient X und sagt: „Mensch, war eine geile Zeit damals, ich bin über Facebook wieder auf euch gestoßen und ich kenn ja den und den noch auf den Fotos." Das gibt's, aber Klienten, nein, das passiert nicht.

Du hast vorhin gesagt, euer erstes Ziel war Spenden zu akquirieren. Habt ihr da eine bestimmte Strategie gehabt? Gab es spezielle Aktionen auf Facebook, im Sinne von viralem Marketing, oder gab es eine besondere Form der Ansprache?

KS: Das haben wir mal überlegt. Irgendwann haben wir festgestellt, dass kommt eigentlich nicht aus dem Knick, warum sollen wir das eigentlich machen? Es gibt keine fassbaren Ergebnisse dieser Facebookgeschichte. Warum macht das jeder? Da haben wir einen Spezialisten über virales Marketing in sozialen Netzwerken eingeladen. Die haben dann ganz viel erzählt, was sie machen würden und machen könnten, und dass sie sich ein Konzept ausdenken. Und wir waren ganz hingerissen davon. Und dann meldeten die sich, und sagten: ja, sie würden für das Konzept erstmal 10000€ aufrufen, und das Entwickeln von soundso und Marketingstrategien, das wurde noch soundso und das und das kosten....Das ist nichts für uns. Diese ganze Sache ist dann eingeschlafen. Sie konnten uns dann auch nicht überzeugen. Es ist ja auch so: die waren super sympathisch, aber sie sprachen ihre eigen Sprache. Wir konnten damit nichts anfangen. Ich bin ja nun auch schon ein alter Hase im Internet, aber das was da erzählt wurde, kam nicht rüber, war für uns nicht fassbar. Bis jetzt habe ich auch noch nichts überzeugendes gesehen, wo ich sagen würde, dass müssten wir auch nutzen, das würde uns was bringen, Kontakte ermöglichen, bis jetzt sehe ich das als eine große Blase an. Sehr aufgebauscht, sehr aufgeblasen und am Ende bleibt da nicht so vieles Fassbares, Nutzbares.

Gibt es auf die Sachen, die ihr postet auch Feedback, Kommentare? Fragt ihr manchmal etwas nach?

KS: Nein wenig. Was soll auch der Zweck sein? Ich bin da ja sehr neugierig, aber ich weiß nicht was das bezwecken soll. Es ist auch schwierig. Facebook macht ständig neue Dinge, es wird ständig was Neues entwickelt, da werden dann Sachen, die uns nutzbar erscheinen, wieder fallen gelassen. Früher konnte man sich in Facebook als „Karuna" bewegen, nicht mit meinem privaten Profil, sondern auch als „Karuna e.V.". Das fand ich eigentlich eine interessante Idee, aber das gibt's nicht mehr. Es gab die Möglichkeit über FBML einen externen HTML-Code einzubinden, das hab ich auch gemacht mit unserem Spendenformular, so dass man jetzt bei Karuna auf der Seite direkt spenden kann. Das gibt's nicht mehr, das läuft aus. Jetzt gibt's eine andere Technologie, die heißt I-Frame, da muss ich mich jetzt erstmal wieder einarbeiten und muss gucken, was das bringt und was man damit machen kann. Und dann ist noch die Frage Datenschutz. Was passiert da, wer sieht da was? Da ist auch eine ganze Menge Skepsis und Misstrauen. Dann heißen die „Freunde", das sind keine Freunde, das sind Bekannte. Bei Google+, was ich viel ausgereifter finde wird das Kreise genannt, da gibt's den engen Kreis und den etwas äußeren Kreis und den betrieblichen Kreis, das trifft, das viel mehr.

Datenschutz ist ja sowieso ein sehr heikles Thema bei Facebook. Wenn zum Beispiel ehemalige Klienten auf die Seite schreiben, weiß man nicht genau, ob man ihnen nicht davon abraten sollte.

KS: Ja, das funktioniert auch nicht. Das haben wir uns auch zum Prinzip gemacht, dass, wenn es da digitale Kontakte gibt, dass die sofort in einem persönlichen Kontakt münden. Das man auch nicht so viel über E-Mail macht. Wir haben auch keine Gästebücher.

Habt ihr schon schlechte Erfahrungen gemacht, wie negative Kommentare auf der Seite?

KS: Was ganz Negatives nicht, dass ist noch nie passiert. Aber wir sind auch sehr vorsichtig. Bei Youtube haben wir die Kommentarfunktion komplett ausgeschaltet, sonst müsste man das ja ständig überwachen. Wir haben mal kritische Kommentare zu den Fotos von Jim Rakete gehabt, wo Leute sagten, das sind doch gar keine Kinder mehr, keine Straßenkinder. Aber das war bisher auch das Einzige. Aber, wie gesagt, das liegt auch daran, dass wir vorsichtig sind und uns nicht kompromisslos öffnen.

Können sich andere Mitarbeiter von Karuna auf der Seite äußern und gibt es dafür eine Mitarbeiter-Policy?

KS: Nein. Sie können sich äußern. Alle Mitarbeiter haben als Startseite die Webseite von Karuna auf ihren Computer, so dass sie sich immer über die Neuigkeiten informieren können. Aber Facebook als Mitarbeiterforum, nein, das machen wir nicht. Da gab´s auch keine Nachfrage bisher. Wenn da Interesse wäre wär das schon möglich.

Wie ist eure Perspektive mit der Facebook-Seite? Bei dir gibt es ja viel Skepsis.

KS: Naja, es gibt schon den Drang, das auszubauen. Wir sehen schon, dass das unglaublich boomt. Soundsoviel Menschen facebooken täglich. Aber wir wissen nicht so richtig, wie und wohin wir das wirksam ausbauen sollten, so dass es für uns einen nutzbaren Effekt hat. Da fällt uns im Moment nichts ein, wohin wir das ausbauen sollten. All diese Funktionen, die Facebook da bietet, sind für uns bisher noch nicht so lukrativ. Gerade haben wir eine Seite gesehen, da war über ein kleines Programm ein großer Pfeil eingefügt, der auf den „Gefällt mir"-Button zeigte und unser Geschäftsführer fragte, können wir das nicht auch machen. Klar können wir das, aber was passiert eigentlich, wenn die Leute Karuna gefällt mir anklicken, was passiert da eigentlich? Gut, dann steigt die Zahl der Fans, aber nun, was passiert dann, was machen wir denn mit denen? Ein fassbarer Effekt entsteht dadurch für uns nicht.

Nun es gibt dann ja immer die Rechnung, wenn 200 Leute „gefällt mir" drücken und das an ihre 200 Freunde weitergeleitet wird, die das dann vielleicht wieder weiterleiten, und wenn dann nur 5% der Leute eventuell etwas spenden...Aber insgesamt ist ja die Zahl der Online-Spenden sehr gering, das scheint also nicht so zu funktionieren.

KS: Es ist ein riesen Trugschluss. Es sind in Deutschland tausende Organisationen auf Facebook, die alle unglaublich vernetzt sind. Das ersetzt nicht die traditionellen Methoden von Spenderakquise und Fundraising. Das passiert nur gezielt, Facebook tendiert dazu, dass immer mehr zu verbreiten, zu verzweigen, das eigentliche gezielte geht immer mehr verloren, es kommt immer weniger auf den Punkt.

Das ist ja das Gegenteil von dem was Facebook sagt. Facebook sagt, bei und kann man ganz gezielt Leute ansprechen, auch mit Werbung, weil wir genau auswählen können, welcher Personenkreis, welches Alter, welche Interessen wollen wir ansprechen.

KS: Ich habe einen Kumpel, der managt eine Band. Die haben inzwischen 12000 Freunde. An Tag hat der 20 Anfragen. Dies registriert der gar nicht mehr, das lässt er einfach laufen und nur wenn er was zu verbreiten hat über Konzerte, etc., gibt er das raus. Ich behaupte, was gemeinnützige Organisationen angeht, dass dieser ganze Facebook-Hype das Gegenteil erreicht. Ok, meine Kinder nutzen das gezielt für private Kontakte. Aber was gemeinnützige Organisationen angeht, wo Face-to-Face Sachen passieren müssen, ist für mich nicht sichtbar, was für einen praktischen Effekt das hat.

Befragung von Birgit Biene, Öffentlichkeitsarbeit des Nachbarschafts- und Selbsthilfezentrums i.d. UFA-Fabrik e.V.(NUSZ) (per E-Mail, 17.1.2012)

1. Welches sind die Ziele des NUSZ beim Einsatz von Facebook?

- Die öffentliche Dokumentation unserer Projekte und Aktivitäten soll zeitnah Teilnehmern und Interessierten zur Verfügung gestellt werden.
- Es sollen Informationen zu internationalen Projekten verbreitet werden.
- Mittel für einfache und schnelle Kommunikation zur Projektkoordination
- Bekanntmachen des NUSZ und Kontaktaufnahme zu Kooperationspartnern

2. Und wurden diese Ziele bisher erreicht?

Ja.

3. Wie "messen" Sie den Erfolg?

Wir analysieren die Statistiken, die Facebook wöchentlich zur Verfügung stellt. Regelmäßige qualitative Prüfung durch internen Erfahrungsaustausch beteiligter Mitarbeiter.Feedback durch Befragungen von Nutzern per Fragebogen.

4. Gibt es mehrere Facebook-Seiten oder Facebook-Gruppen für unterschiedliche Zielgruppen?

Ja die allgemeine NUSZ Seite und die für unser Jugend und Kulturzentrum "Spirale".

5. Denken Sie, dass Facebook Organisationen der sozialen Arbeit und ihren Kunden neue oder bessere Möglichkeiten für die Öffentlichkeitsarbeit, das Marketing und die Kommunikation oder Beratung bietet(und welche)? Und wenn ja, welche dieser neuen

Chancen und Möglichkeiten können in der Praxis ihrer Arbeit bisher umgesetzt werden? Sehen Sie noch ungenutzte Möglichkeiten, die Sie in der Zukunft besser ausschöpfen wollen?

Wir nutzen Facebook nicht zu Beratungszwecken, sondern um neue Zielgruppe zu erschließen bzw. erschlossene zu pflegen, internationale Netzwerke aufzubauen und zu pflegen sowie als kostengünstiges PR- und Marketinginstrument. Facebook könnte mehr dazu genutzt werden, den Bedarf an Angeboten zu ermitteln.

6. Welche Risiken sehen Sie eventuell durch den Einsatz von Facebook bzw. welche schlechten Erfahrungen haben Sie vielleicht auch schon mit ihrer Facebook-Seite gemacht?

Das NUSZ hat bisher keine schlechten Erfahrungen mit der Nutzung von Facebook gemacht. Die Beiträge auf unserer Seite werden regelmäßig kontrolliert. Eine deutliche Abgrenzung von beruflichen und privaten Kontakten ist bei Facebook nicht immer möglich.

7. Konnten Sie sich bisher durch das soziale Netzwerk schon besser vernetzen und in welchen Zusammenhängen? (Mit Kunden? Oder auch mit der Fachöffentlichkeit?)

Ja eine bessere Vernetzung mit Geldgebern, Nutzern (Klienten) und Fachleuten können wir erkennen.

8. Entsteht durch das soziale Netzwerk mehr an Kommunikation und Diskussion über die Angebote des NUSZ? Mit welchen Mitteln, um die Kommunikation anzuregen, haben sie bisher positive Erfahrungen gemacht?

Auf der "Spirale" Seite haben wir eine rege Kommunikation bezüglich unserer Angebote. Die allgemeine Seite wird von Besuchern angeschaut und ermutigt eher dazu, sich auf unserer Homepage zu informieren oder mit uns per E-Mail zu bestimmten Themen Kontakt aufzunehmen.

9. Gibt es eine "Policy" für die Aktivitäten von Mitarbeitern auf der Seite?

Ja

10. Wie viel Zeit braucht das Betreuen der Seite schätzungsweise?

Täglich ca. 1/2 Stunde.

11. Nutzen Sie Facebook zur Personal- oder Freiwilligensuche und haben Sie damit Erfolg?

Nein, bisher keine Nutzung.

12. Nutzen Sie Facebook zur Spendenakquise und hat das Erfolg?

Nein wir nutzen Facebook nicht zur direkten Spendenakquise.

QUELLEN- UND LITERATURVERZEICHNIS

ADAMEK, SASCHA(2011):
 Die facebook-Falle, Wie das soziale Netzwerk unser Leben verkauft; München 2011,
 Wilhelm Heyne Verlag

ADAMEK, SASCHA/FRAMKE, STEPHAN/SCHAYANI, ISABELL(2011a):
 Facebooks Datensammelwut: Offenbarungseid der Politik; ARD, Monitor; Manuskript
 des Beitrags vom 6.10.2011
 Online unter URL:
 http://www.wdr.de/tv/monitor/sendungen/2011/1006/pdf/facebook.pdf
 [Stand vom 21.01.2011]

ALBERS, SÖNKE/ CLEMENT, MICHAEL/ PETERS, KAY/ SKIERA, BERND [HRSG.](2001):
 Marketing mit interaktiven Medien, S. 131-144; 3. überarbeitete und erw. Auflage,
 Frankfurt a.M. 2001, FAZ-Institut für Management-, Markt –und Medieninformationen
 GmbH

ALLFACEBOOK(2011a):
 Facebook Deutschland Nutzerzahlen im August; 2.08.2011,
 online unter URL: http://allfacebook.de/tag/nutzerzahlen[Stand vom 21.01.2011]

ALLFACEBOOK(2011b):
 Entwicklung Facebook, online unter URL: http://allfacebook.de/zahlen_fakten/happy-
 birthday-facebook [Stand vom 21.01.2011]

ALLFACEBOOK(2011c):
 Infografik: Facebook USA vs. Facebook UK, Oktober 2011, online unter URL:
 http://allfacebook.de/tag/demographie [Stand vom 21.01.2011]

AMBERG, MICHAEL/ LANG, MICHAEL [HRSG.] (2011):
 Innovation durch Smartphone & Co, Die neuen Geschäftspotentiale mobiler Endgeräte;
 Düsseldorf 2011, Symposion Publishing GmbH

BECK, KLAUS (2006):
 Computervermittelte Kommunikation im Internet; Lehr- und Handbücher der Kommu-
 nikationswissenschaft; München 2006, Oldenbourg Wissenschaftsverlag gGmbH

BENTLE, GÜNTER/ STEINMANN, HORST/ ZERFAß, ANSGAR[HRSG.](1996):
 Dialogorientierte Unternehmenskommunikation, Grundlagen – Praxiserfahrungen –
 Perspektiven; Serie Öffertlichkeitsarbeit/Public Relations und Kommunikationsma-
 nagement, Band 4; Berlin 1996, VISTAS Verlag

BENTLE, GÜNTER/ STEINMANN, HORST/ ZERFAß, ANSGAR (1996):
 Dialogorientierte Unternehmenskommunikation: Ein Handlungsprogramm für die
 Kommunikationspraxis, in:
 BENTLE, GÜNTER/ STEINMANN, HORST/ ZERFAß, ANSGAR[HRSG.](1996):
 Dialogorientierte Unternehmenskommunikation, Grundlagen – Praxis-erfahrungen –
 Perspektiven; Serie Öffentlichkeitsarbeit/Public Relations und Kommunikationsma-
 nagement, Band 4; Berlin 1996, VISTAS Verlag, S.447-463

BIEBERSTEIN, INGO (2001):
 Dienstleistungsmarketing; Ludwigshafen (Rhein) 1995, 3. Auflage 2001, Friedrich Kiel
 Verlag GmbH

BITKOM(2009):

Onlinespenden werden beliebter; Studie; Berlin 2009; online unter URL:
http://www.bitkom.org/files/documents/BITKOM-
Presseinfo_Elektronisch_spenden_29_12_2009.pdf [Stand vom 21.01.2011]

BITKOM (2011):

Soziale Netzwerke, Eine repräsentative Untersuchung zur Nutzung sozialer Netzwerke
im Internet; online unter URL:
http://www.bitkom.org/files/documents/BITKOM_Publikation_Soziale_Netzwerke.pdf
[Stand vom 21.01.2011]

BITKOM (2011):

Online Studie für 2011;
Online unter URL: http://www.bitkom.org/de/presse/66442_65897.aspx
[Stand vom 21.01.2011]

BITKOM(2012):

Rasanter Zuwachs: Ältere entdecken soziale Netzwerke; Studie, Berlin 2012, online unter URL:
http://www.bitkom.org/files/documents/BITKOM_Presseinfo_Aeltere_Nutzer_Comm
unity_01_01_2012.pdf [Stand vom 21.01.2011]

BOYD, DANAH M., & ELLISON, NICOLE B. (2007):

Social network sites: Definition, history, and scholarship, in: DONELAN, HELEN/ KEAR,
KAREN/ RAMAGE, MAGNUS[HRSG.]: Online Communication und Communication, A
Reader; Oxon, USA 2010; Routledge, S.261-281

BRUHN, MANFRED (2009):

Integrierte Unternehmens- und Markenkommunikation: Strategische Planung und
operative Umsetzung; 5. aktualisierte und überarbeitete Auflage, Stuttgart 2009,
Schäffer-Poeschel Verlag

BRUHN, MANFRED (2005):

Marketing für Nonprofit-Organisationen, Grundlagen -Konzepte-Instrumente; Stuttgart
2005, Kohlhammer Verlag

BRUHN, MANFRED (1997):

Multimediakommunikation: Systematische Planung und Umsetzung eines interaktiven
Marketinginstruments; München 1997; C.H. Beck´sche Verlagsbuchhandlung

BURT, RONALD S. (1992):

Social Structure of Competition, in: NORIA, NITIN/ECCLES, ROBERT G.: Netwoks and
Organisations - Structure, Form and Action; Boston, Mass. 1992,Harvard Business
School Press, S.57-87

BUSEMANN, KATRIN/ GSCHEIDLE, CHRISTOPH(2011):

Ergebnisse der ARD/ZDF-Onlinestudie 2011: Aktive Mitwirkung verbleibt auf niedrigem
Niveau; online unter URL: http://www.ard-zdf-
onlinestudie.de/fileadmin/Online11/07082011_Busemann_Gscheidle.pdf [Stand vom
21.01.2011]

CHRISTA, HARALD (2010):

Grundwissen Sozio-Marketing, Konzeptionelle und strategische Grundlagen für soziale
Organisationen; 1.Auflage, Wiesbaden 2010, VS Verlag für Sozialwissenschaften

COMSCORE(2010):

Press Release : Facebook Captures Top Spot among Social Networking Sites in India; online unter URL: http://www.comscore.com/Press_Events/Press_Releases/2010/8/Facebook_Captures _Top_Spot_among_Social_Networking_Sites_in_India [Stand vom 21.01.2011]

DAMBECK, HOLGER(2008):

Das Jeder-kennt-jeden Gesetz; Spiegel Online, 2.08.2008, online unter URL: http://www.spiegel.de/wissenschaft/mensch/0,1518,569705,00.html [Stand vom 21.01.2011]

DIETERICH, HOLGER(2008):

Wir wollen nur spielen! Wie Spielprinzipien Social Networks erfolgreicher machen; Berlin 2008, Diplomarbeit, Universität der Künste, Institut of Electronic Business; online unter URL: http://holger-dieterich.de/diplomarbeit/ [Stand vom 21.01.2011]

DÖRING, NICOLA (2003):

Sozialpsychologie des Internet, Die Bedeutung des Internet für Kommunikationsprozesse, Identitäten, soziale Beziehungen und Gruppen, 2.erw. und bearb. Auflage, Göttingen 2003, Hogräfe Verlag GmbH& Co KG

DODDS, PETER SHERIDAN/MUHAMAD, ROBY/WATTS, DUNCAN J.(2003):

An Experimental Study of Search in Global Social Networks, Science Magazine, 8.August 2003, online unter URL: http://www.sciencemag.org/content/301/5634/827.abstract [Stand vom 21.01.2011]

DUNBAR, R.I.M.(1993):

Coevolution of neocortical size, group size and language in humans, 1993, Behavioral and Brain Sciences 16 (4): 681-735. online unter URL: http://www.uvm.edu/~pdodds/files/papers/others/1993/dunbar1993a.pdf [Stand vom 21.01.2011]

EBERSBACH, ANJA/ GLASER, MARKUS/ HEIGL, RICHARD (2008):

Social Web; Konstanz 2008, UVK Verlagsgesellschaft mbH

eCIRCLE(2010):

Der europäische Social Media und Email Monitor; 6. Länderstudie zum digitalen Dialog mit Facebook, Twitter, E-Mail & Co (Ergebnisse Deutschland Teil 1); München, 14.09.2010; online unter URL: http://www.ecircle.com/de/knowledge-center/studien/social-media-studie-2010.html [Stand vom 21.01.2011]

EIMEREN, BIRGIT VAN/ FREES, BEATE(2011):

Ergebnisse der ADR/ZDF-Online-Studie 2011: Drei von vier Deutschen im Netz: Ein Ende des digitalen Grabens in Sicht? Online unter URL: http://www.ard-zdf-onlinestudie.de/fileadmin/Online11/EimerenFrees.pdf [Stand vom 21.01.2011]

EISFELD-RESCHKE, JÖRG/HÖLDERLE, JONA (2011):

Social Media Policy für Non-Profit Organisationen, In 20 Schritten zum Leitfaden für den Umgang mit sozialen Medien, 2011; online unter URL: http://pluralog.de/_sonst/E-Book-Social_Media_Policy_fuer_NPOs.pdf [Stand vom 21.01.2011]

EVANGELISCH.DE(2010):

    Integration digital - Sozialarbeit im Social Web; Ulrich Pontes interviewt die Sozialar-
    beiterin Marion Horvath;
    online unter URL: http://www.evangelisch.de/themen/gesellschaft/integration-digital-
    sozialarbeit-im-social-web23388 [Stand vom 21.01.2011]

FACEBOOK:

    Statistik, online unter URL: www.facebook.com/press/info.php?statistics [Stand vom
    21.01.2011]

FINANZ-LEXIKON (2011):

    Finanz-Lexikon: Das Metcalfsche Gesetz; Dynamic Drive; online unter URL:
    http://www.finanz-lexikon.de/metcalfesches gesetz_4091.html [Stand vom
    21.01.2011]

FIRLUS, THORSTEN (2011):

    Die Macht von Facebook wird überschätzt; wirtschaftswoche-online; 18.06.2011
    Online unter URL: http://www.wiwo.de/erfolg/trends/soziale-netzwerke-die-macht-
    von-facebook-wird-ueberschaetzt/5220540.html
    [Stand vom 21.01.2011]

FITTKAU & MAASS CONSULTING GMBH(2010):

    Nutzer lehnen personalisierte Werbung ab; 2.02.2010; online unter URL:
    http://www.w3b.org/nutzungsverhalten/nutzer-lehnen-personalisierte-werbung-
    ab.html [Stand vom 21.01.2011]

FUHSE, JANA(2003):

    Systeme, Netzwerke, Identitäten; Stuttgart 2003, Schriftenreihe des Instituts für Sozi-
    alwissenschaften der Universität Stuttgart, No.1, online unter URL: http://www.uni-
    stuttgart.de/soz/institut/forschung/2003.SISS.1.pdf [Stand vom 21.01.2011]

FUTUREBIZ(2011):

    Facebook Nutzerzahlen Dezember 2011; online unter URL:
    http://www.futurebiz.de/artikel/facebook-nutzerzahlen-dezember-2011/ [Stand vom
    21.01.2011]

GERSONDE, ARVID (2009):

    Weblogs und Internetmeinungsforen als Plattform der Internet-Kunde-zu-Kunde –
    Kommunikation und Herausforderung für das Beschwerdemanagement in Dienstleis-
    tungsunternehmen, in: KRAMER, JOST W./ NEUMANN-SZYSZKA, JULIA [HRSG.](2009):
    Aktuelle Entwicklungen im Dienstleistungsmarketing; Wismarer Schriften zu Manage-
    ment und Recht, Band 36; Bremen 2009, 1.Auflage, Europäischer Hochschulverlag
    GmbH &Co. KG

GITOMER, JEFFREY (2011):

    Social Boom – How to Master Business Social Media; New Jersey 2011, Pearson Educa-
    tion, Inc. Publishing as FT Press

GÖRING, CARSTEN(2011):

    Gemeinsam Einsam. Wie Facebook, Google & Co unser Leben verändern; Zürich 2011,
    Orell Füssli Verlag AG

GÖTZFRIED, AUGUST (2004):

    Statistik kurzgefasst: Anstieg der europäischen Beschäftigung im Dienstleistungssektor und insbesondere bei wissensintensiven Dienstleistungen; 10/2004; online unter URL: http://www.eds-destatis.de/de/downloads/sif/ns_04_10.pdf [Stand vom 21.01.2011]

GRANOVETTER, MARK S. (1973):

    The strenght of weak ties, in: The American Journal of Sociology, Vol 78, Nr:6, 1973, 1360ff. online unter URL:

    http://www.itu.dk/courses/DDKU/E2007/artikler/Granovetter-%20Weak%20Ties.pdf [Stand vom 21.01.2011]

GRUNWALD, ARMIN/BANSE, GERHARD/COENEN, CHRISTOPHER/HENNEN, LEONARD (2006):

    Netzöffentlichkeit und digitale Demokratie – Tendenzen politischer Kommunikation im Internet; Berlin 2006, edition sigma

HEIDEN, RALF (2011):

    Daten zum Artikel : Ins Netz gegangen - oder auch nicht , Personalwirtschaft 07/2011; online unter URL:

    http://www.personalwirtschaft.de/media/Personalwirtschaft_neu_161209/Startseite/ Downloads-zum-Heft/0711/Kelly%2CGlobal%20Workforce%20Index_Details.pdf [Stand vom 21.01.2011]

HETZEL, MATTHIAS(2011):

    Smartphones als Wegbereiter für Kundentreue, in: AMBERG, MICHAEL/ LANG, MICHAEL [HRSG.] (2011): Innovation durch Smartphone & Co, Die neuen Geschäftspotentiale mobiler Endgeräte; Düsseldorf 2011, Symposion Publishing GmbH, S.123-152

HOFFMANN, JÜRGEN (2011):

    Die neuen Talkmaster – Sie sind die kundenbetreuer von morgen. Community Manager begleiten Diskussionen im Web; Süddeutsche Zeitung v. 22./23.102011

HOLZAPFEL, FELIX/HOLZAPFEL, KLAUS (2010):

    Facebook - Marketing unter Freunden : Dialog statt plumpe Werbung ; Göttingen 2010; 1. Aufl.; Business Village Verlag

HUBER, MELANIE (2008):

    Kommunikation im Web 2.0; Konstanz 2008, UVK Verlagsgesellschaft mbH

INCLUSO(2010):

    The Incluso Manual; online unter URL: http://www.incluso.org/manual [Stand vom 21.01.2011]

INITIATIVE D21 (2011):

    (N)Onliner-Atlas; online unter URL: http://www.nonliner-atlas.de/ [Stand vom 21.01.2011]

INSIDE FACEBOOK (2011):

    Available Data shows facebook user numbers growing quickly or slowly or falling; 13.06.2011; online unter URL: http://www.insidefacebook.com/2011/06/13/available-data-shows-facebook-user-numbers-growing-quickly-or-slowly-or-falling/ [Stand vom 21.01.2011]

JOHNSON, BOBBIE(2011):

> Privacy no longer a social Norm says Facebook founder; TheGuardian, 11.01.2010; online unter URL: http://www.guardian.co.uk/technology/2010/jan/11/facebook-privacy [Stand vom 21.01.2011]

KELLY SERVICES(2011):

> Pressemappe zur Studie: Kelly Global Workforce Index; 19.07.2011, online unter URL: http://www.presseportal.de/pm/23902/2081286/kelly-services-studie-fast-jeder-vierte-bewerber-nutzt-soziale-netzwerke-bei-der-jobsuche [Stand vom 21.01.2011]

KIELHOLZ, ANNETTE (2008):

> Online –Kommunikation; Heidelberg 2008; Springer Medizin Verlag

KILIAN, THOMAS/ LANGNER, SASCHA (2010):

> Online-Kommunikation, Kunden zielsicher verführen und beeinflussen; Wiesbaden 2010; Gabler Verlag/Springer Fachmedien GmbH

KLEIN, ALEXANDRA (2009):

> Niedrigschwelligkeit durch Technik? Chancen und Herausforderungen Internetbasierter Beratungsangebote für Jugendliche; in: Sozial Extra, Heft 1I2, 2009, Praxis aktuell: Soziale Arbeit und neue Medien, VS Verlag für Sozialwissenschaften/ Springer Fachmedien Wiesbaden GmbH, S.14-20

KNEIDINGER, BERNADETTE (2010):

> Facebook und Co. – Eine soziologische Analyse von Interaktionsformen in Online Social Networks; Wiesbaden 2010, 1.Auflage, VS Verlag für Sozialwissenschaften/Springer Fachmedien

KOTLER, PHILIP/ KARTAJAYA, HERMAWAN/ SETIAWAN, IWAN (2010):

> Die neue Dimension des Marketings: Vom Kunden zum Menschen; Frankfurt am Main 2010, Campus Verlag GmbH

KOTLER, PHILIP/ ARMSTRONG, GARY/ SAUNDERS, JOHN/ WONG, VERONIKA (2003):

> Grundlagen des Marketing; 3. überarb. Auflage, München 2003; Pearson Studium

KRAUS, SUSANNE (2008):

> Weblogs als soziale Netzwerke: Eine quantitative Beziehungsanalyse, in: ZERFAß, ANSGAR/ WELKER, MARTIN/ SCHMIDT, JAN (HRSG.)((2008): Kommunikation, Partizipation und Wirkungen im Social Web. Band 1: Grundlagen und Methoden: Von der Gesellschaft zum Individuum, Köln 2008, Herbert von Halem Verlag, S. 327-347

KRZEMINSKI, MICHAEL/NECK, CLEMENS (1994):

> Social Marketing. Ein Konzept für die Kommunikation von Wirtschaftsunternehmen und Nonprofit-Organisationen
>
> in: KRZEMINSKI, MICHAEL/NECK, CLEMENS [HRSG.](1994): Praxis des Social Marketing, Reihe Kommunikation heute und morgen, Frankfurt am Main 1994, Institut für Medienentwicklung und Kommunikation der FAZ GmbH, S.11-35

LANGNER, SASCHA (2009):

> Viral Marketing, Wie Sie Mundpropaganda gezielt auslösen und Gewinn bringend nutzen; 3. erweiterte Auflage, Wiesbaden 2009; Gabler / GWV Fachverlage GmbH

LESKOVEK, JURE/ HORWITZ, ERIC (2008):

> Planetary-Scale Views on an Instant-Messaging Network, Cornell University Library, 6.03.2008; online unter URL: http://arxiv.org/abs/0803.0939 [Stand vom 21.01.2011]

LEVINE, RICK/LOCKE, CHRISTOPHER/SEARLS, DOC/ WEINBERGER, DAVID(1999):

> Cluetrain-Manifest; online unter URL: http://www.cluetrain.com/auf-deutsch.html
> [Stand vom 21.01.2011]

LEWY, JUSTIN ROBERT (2010):

> Facebook Marketing: Designing Your Next Marketing Campaign; Mai 2010, Indiana, In-
> dianapolis/USA, QUE Publishing Indiana, 2.Auflage

LUTHE, DETLEF (1995):

> Öffentlichkeitsarbeit für Nonprofit-Organisationen; 2.Auflage, Augsburg 1995; Maro
> Verlag

MCKEON, MATT(2010):

> The Evolution of Privacy on Facebook; online unter URL:
> http://www.mattmckeon.com/facebook-privacy/ [Stand vom 21.01.2011]

MEFFERT, HERIBERT/ BRUHN, MANFRED (2006):

> Dienstleistungsmarketing; Grundlagen-Konzepte-Methoden; 5. überarbeitete und er-
> weiterte Auflage; Wiesbaden 2006; Betriebswirtschaftlicher Verlag Dr. Th. Gabler/
> GWV Fachverlage GmbH

MEISTER, ULLA/ MEISTER, HOLGER (1998):

> Kundenzufriedenheit im Dienstleistungsbereich; München 1998; 2. unwes. verändert.
> Auflage; R. Oldenbourg Verlag

MEERMANN SCOTT, DAVID(2009):

> Die neuen Marketing und PR-Regeln im Web, Heidelberg 2009, Verlagsgruppe Hüthig,
> Jehle, Rewhen GmbH

MICHELIS, DANIEL/ SCHILDHAUER, THOMAS(2010):

> Social Media Handbuch, Theorien, Methoden, Modelle, Baden-Baden 2010, Nomos
> Verlagsgesellschaft

MILGRAM, STANLEY (1967):

> The Small World Problem ; Psychology Today, vol. 1, no. 1, May 1967, pp61-67 online
> unter URL: http://www.scribd.com/doc/65979227/The-Small-World-Problem-Stanley-
> Milgram-1967 [Stand vom 21.01.2011]

MÜHLENBECK, FRANK/ SKIBICKI, CLEMENS(2010):

> Die TOP100 Startegie für Social Med a Marketing, Köln 2010, Brain Injection Ltd &
> Co.KG

MORENO, J. L. (1974):

> Die Grundlagen der Soziometrie. Wege zu Neuordnung der Gesellschaft, Nachdruck
> der 3.Auflage 1974, Opladen 1996; Leske + Budrich

OCHEL, JENS (2003):

> Senioren im Internet; Reihe: Electronic Commerce, Band 19; 1. Aufl., Köln 2003; Joseph
> Eul Verlag GmbH Lohmar

OETTING, MARTIN (2009):

> Ripple Effect- How empowered Invo vement Drivers Word of Mouth; Wiesbaden 2009;
> Gabler/GWV Fachverlage GmbH

O´REILLY, TIM(2005):

> What is Web 2.0? Design patterns and business models fort he next generation of
> software, nach: DONELAN, HELEN/ KEAR, KAREN/ RAMAGE, MAGNUS[HRSG.]: Online
> Communication und Communikation, A Reader; Oxon, USA 2010; Routledge, S.225-235

PALFREY, JOHN/ GASSER, URS (2008):

> Generation Internet; München 2008, Carl Hanser Verlag

PATALONG, FRANK(2009):

> Communitys krempeln Netz-Nutzung um; 9.03.2009, Spiegel-Online;
> Online unter URL: http://www.spiegel.de/netzwelt/web/0,1518,612124,00.html
> [Stand vom 21.01.2011]

PFEIFFER, THOMAS (2011):

> Politische Bildung muss nach Facebook! 5.07.2011
> Online unter URL: http://webevangelisten.de/politische-bildung-muss-nach-facebook/
> [Stand vom 21.01.2011]

PFEFFER, JÜRGEN (2008):

> Visualisierung sozialer Netzwerke, in: STEGBAUER, CHRISTIAN: Netzwerkanalyse und
> Netzwerktheorie, Ein neues Paradigma in den Sozialwissenschaften; Wiesbaden 2008;
> VS Verlag für Sozialwissenschaften/ GWW Fachverlage GmbH, S.227-238

PILGRAM, JUTTA(2011a):

> Überraschung auf allen Kanälen – Die klassische Werbung steckt in der Krise. Soziale
> Netzwerke schaffen neue Werbeformen – und verlangen nach neuen Berufen; Süd-
> deutsche Zeitung v. 6./7.08.2011

PILGRAM, JUTTA(2011b):

> Wie Firmen Social Media zum Recruiting nutzen; Süddeutsche Zeitung v.
> 15./16.10.2011

POSECK, OLIVER [HRSG](2001):

> Sozial@rbeit Online. Online-Angebote in sozialen Arbeitsfeldern planen und umsetzen.
> Neuwied 2001, Hermann Luchterhand Verlag GmbH

POSECK, OLIVER(2001a):

> Zu Risiken und Nebenwirkungen...Überlegungen zu Möglichkeiten und Grenzen des In-
> ternets für die Soziale Arbeit, in: POSECK, OLIVER [HRSG] (2001): Sozial@rbeit Online.
> Online-Angebote in sozialen Arbeitsfeldern planen und umsetzen. Neuwied 2001,
> Hermann Luchterhand Verlag GmbH, S.70-102

PRITZENS, TILMANN (2011):

> Webwork als nützliche Ergänzung zur mobilen Jugendarbeit/Streetwork; in: MERZ
> Medien und Erziehung – Zeitschrift für Medienpädagogik; Heft 3/2011, kopaed Verlags
> GmbH München, S.29-32

PUHL, R. (2004):

> Klappern gehört zum Handwerk. Funktion und Perspektive von Öffentlichkeitsarbeit in
> der Sozialen Arbeit; München 2004, Juventa Verlag

REED, DAVID P. (1999):

> Do the math: on-line communities pack a wallop; online unter URL:
> http://www.reed.com/dpr/locus/DigitalBit/Digital%20Bit%20Jan%2099.pdf [Stand
> vom 21.01.2011]

RENKER, LAURA-CHRISTIANE (2008):

> Virales Marketing im Web 2.0, Innovative Ansätze einer interaktiven Kommunikation
> mit dem Konsumenten; München 2008, IFME®-Edition

RÖGLIN, HANS-CHRISTIAN (1996):

> Die Öffentlichkeitsarbeit und das Konzept der kühnen Konzepte, in:
> BENTLE, GÜNTER/ STEINMANN, HORST/ ZERFAß, ANSGAR[HRSG.]:
> Dialogorientierte Unternehmenskommunikation, Grundlagen – Praxis-erfahrungen –
> Perspektiven; Serie Öffentlichkeitsarbeit/Public Relations und Kommunikationsma-
> nagement, Band 4; Berlin 1996, VISTAS Verlag, S.229-244

RUMPF, HANS-JÜRGEN/MEYER, CHRISTIAN/KREUZER, ANJA/JOHN, ULRICH(2011):

> Prävalenz der Internetabhängigkeit (PINTA), Bericht an das Bundesministerium für Ge-
> sundheit; Universitäten Greifswald und Lübeck, Mai 2011; online unter URL:
> http://drogenbeauftragte.de/fileadmin/dateien-
> dba/DrogenundSucht/Computerspiele_Internetsucht/Downloads/PINTA-Bericht-
> Endfassung_280611.pdf [Stand vom 21.01.2011]

SCHMIDT, JAN (2008):

> Was ist neu am Social Web? Soziologische und kommunikationswissenschaftliche
> Grundlagen, S .18-40 in: ZERFASS, ANSGAR/ WELKER, MARTIN/ SCHMIDT, JAN
> (HRSG.)(2008):Kommunikation, Part zipation und Wirkungen im Social Web, Band 1:
> Grundlagen und Methoden, von der Gesellschaft zum Individuum; Neue Schriften zur
> Online-Forschung 2; Köln 2008; Herbert von Halem Verlag

SCHMIDT, HOLGER (2011):

> 70% der Unternehmen nutzen Social Media, FAZ.net Blog vom 23.08.2011;
> online unter URL: http://faz-
> community.faz.net/blogs/netzkonom/archive/2011/08/23/70-prozent-der-
> unternehmen-nutzen-social-media.aspx [Stand vom 21.01.2011]

SCHWINDT, ANETTE (2011):

> Blogbeitrag vom 04.04.2011: Wie barrierefrei ist Facebook? Online unter URL:
> http://blog.schwindt-pr.com/2011/04/04/wie-barrierefrei-ist-facebook/
> [Stand vom 21.01.2011]

SPIEGEL-ONLINE (2011):

> Indisches Android-Tablett kostet 34€; 5.10.2011; online unter URL:
> http://www.spiegel.de/netzwelt/gadgets/0,1518,790154,00.html [Stand vom
> 21.01.2011]

STEINSCHADEN, JAKOB (2011):

> online unter URL: http://www.phaenomenfacebook.com/ [Stand vom 21.01.2011]

STEINSCHADEN, JAKOB (2010):

> Phänomen Facebook, Wie eine Webseite unser Leben auf den Kopf stellt, Wien 2010,
> Verlag Carl Ueberreuter

STUBER, RETO(2010):

> Erfolgreiches Social Media Marketing mit Facebook, Twitter & Co, Düsseldorf 2010, Da-
> ta Becker

SZYSZKA, PETER (1996):

> Kommunikationswissenschaftliche Perspektiven des Kommunikationsbegriffes, in:
> BENTLE, GÜNTER/ STEINMANN, HORST/ ZERFAß, ANSGAR(HRSG.):
> Dialogorientierte Unternehmenskommunikation, Grundlagen – Praxiserfahrungen –
> Perspektiven; Serie Öffentlichkeitsarbeit/Public Relations und Kommunikationsma-
> nagement, Band 4; Berlin 1996, VISTAS Verlag, S.81-108

THIERY, HEINZ (2011):

>Beratung auf Facebook und Twitter? Wie virtuelle Beratungsangebote auf die neuen Leitmedien reagieren können; e-beratungsjournal.net, 7.Jahrgang, 2011, Heft 2, Artikel 3; online unter URL: http://www.e-beratungsjournal.net/ausgabe_0211/thiery.pdf [Stand vom 21.01.2011]

THURM, FRIEDA(2011):

>Soziale Netzwerke: Facebook wächst nicht mehr so schnell; 14.06.2011
>Online unter URL: http://www.zeit.de/digital/internet/2011-06/facebook-wachstum-daten [Stand vom 21.01.2011]

VELEV, STOYAN (2009):

>Kommunikationspolitik im Dienstleistungsbereich, in: KRAMER, JOST W./ NEUMANN-SZYSZKA, JULIA ([HRSG.[])(2009): Aktuelle Entwicklungen im Dienstleistungsmarketing; Wismarer Schriften zu Management und Recht, Band 36; Bremen 2009, 1.Auflage, Europäischer Hochschulverlag GmbH &Co. KG

VERBRAUCHERZENTRALE BUNDESVERBAND (2011):

>Auf die Voreinstellungen kommt es an- Hintergrundpapier; 4.10.2011; online unter URL:
>http://www.vzbv.de/mediapics/datenschutz_voreinstellungen_hintergrundpapier_201 1.pdf [Stand vom 21.01.2011]

WARRAS, JÖRG (2009):

>Soziale Arbeit im Internet. Ein Medium etabliert sich als neues Handlungsfeld. In: Sozial Extra, Nr. 1, Jg. 33, 25-27.

WELLMANN, BARRY/ CHEN, WENHONG (2003):

>Charting Digital Divides: Comparing Socioeconomic, Gender, Life Stage, and Rural-Urban Internet Access and Use in Eight Countries; NetLab,Centre for Urban and Community Studies,University of Toronto 2003; online unter URL:
>http://homes.chass.utoronto.ca/~wellman/publications/index.html [Stand vom 21.01.2011]

WELLMAN, BARRY(1997):

>An Electronic Group is Virtually a Social Network, in: Sara Kiesler[Hrsg.]: <u>Culture of the Internet</u>, Mahwah, NJ, 1997, Lawrence Erlbaum, S.179-205.

WELSCH-LEHMANN, FRANK-MICHAEL (2001):

>Personalisierung, in: ALBERS, SÖNKE/ CLEMENT, MICHAEL/ PETERS, KAY/ SKIERA, BERND [HRSG.](2001): Marketing mit interaktiven Medien, S. 131-144; 3. überarb.und erw. Auflage, Frankfurt a.M. 2001,FAZ-Institut für Management-, Markt –und Medieninformationen GmbH

WESTLE, BETTINA/ GABRIEL, OSKAR W. (2008)[HRSG.]:

>Sozialkapital. Eine Einführung; Studienkurs Politikwissenschaft, 1. Auflage; Baden-Baden 2008, Nomos Verlagsgesellschaft

ZERFAß, ANSGAR/ WELKER, MARTIN/ SCHMIDT, JAN (HRSG.)(2008):

>Kommunikation, Partizipation und Wirkungen im Social Web, Band 1: Grundlagen und Methoden, von der Gesellschaft zum Individuum; Neue Schriften zur Online-Forschung 2; Köln 2008; Herbert von Halem Verlag

ZERFAß, ANSGAR (2004):

    Unternehmensführung und Öffentlichkeitsarbeit,. Grundlegung einer Theorie der Un-
ternehmenskommunikation und Öffentlichkeitsarbeit; 2. ergänz. Auflage, Wiesbaden
2004, VS Verlag für Sozialwissenschaften/GWV Fachverlage GmbH

ZERFAß, ANSGAR/FIETKAU, KAREN (1997):

    Interaktive Öffentlichkeitsarbeit; Diskussionsbeitrag Nr.89, Nürnberg 1997, Lehrstuhl
für Allgemeine Betriebswirtschaftslehre und Unternehmensführung der Universität Er-
langen-Nürnberg

ZERFAß, ANSGAR (1996):

    Dialogkommunikation und strategische Unternehmensführung, in:

    BENTLE, GÜNTER/ STEINMANN, HORST/ ZERFAß, ANSGAR[HRSG.]:

    Dialogorientierte Unternehmenskommunikation, Grundlagen – Praxiserfahrungen –
Perspektiven; Serie Öffentlichkeitsarbeit/Public Relations und Kommunikationsma-
nagement, Band 4; Berlin 1996, VISTAS Verlag, S.23-58